法律博物馆

文物中的法律故事

江隐龙 著

中华馆

中国法制出版社
CHINA LEGAL PUBLISHING HOUSE

目录

特展一　帝王的权杖

特展三　律法的线条

婚书礼法志：并不浪漫的婚姻契约论

古代身份证：符牌、传信与户籍制度

杖首鸠不语：一柄手杖背后的尊老史

夜半听更鼓：宵禁里的时间小夜曲

特展一　帝王的权杖

帝王的权杖

圣旨的面孔：

大众视野里的“皇帝诏曰”

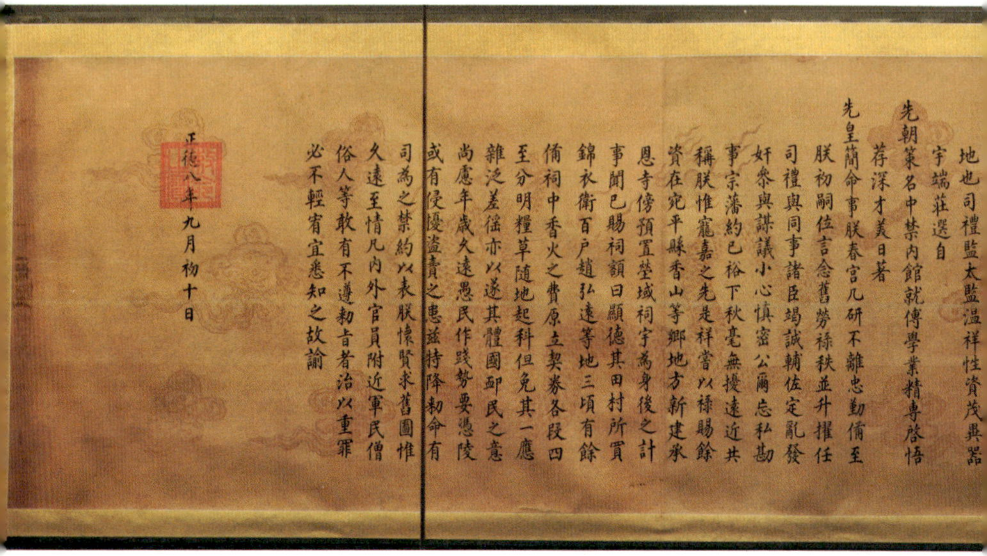

地也司禮監太監溫祥性資茂異器
宇端莊選自
先朝策名中禁内館就傳學業精專啓悟
荐深才美日著
先皇簡命事朕春宫凡研不離忠勤備至
朕初嗣位言念舊勞祿秩並升擢任
司禮與同事諸臣竭誠輔佐定亂發
奸參與謀議小心慎密公爾忘私勘
事宗藩約己裕下秋毫無擾遠近共
稱朕惟寵嘉之先是祥嘗以祿賜餘
資在宛平縣香山等鄉地方新建承
恩寺傍預置塋域祠宇為身後之計
事聞已賜祠額曰顯德其田村所買
錦衣衛百户趙弘遠等地三頃有餘
備祠中香火之費原立契券各段四
至分明糧草隨地起科但免其一應
雜泛差傜亦以遂其體國卹民之意
尚慮年歲久遠愚民作踐勢要憑陵
或有侵擾盜賣之患茲特降勅命有
司為之禁約以表朕懷賢求舊圖惟
久遠至情凡內外官員附近軍民僧
俗人等敢有不遵勅旨者治以重罪
必不輕宥宜悉知之故諭
正德八年九月初十日

正德敕谕
首都博物馆馆藏

在历史剧中，没有什么是一道圣旨不能摆平的，如果不行，那就两道。玩笑归玩笑，但在荧幕上，的确没有什么比圣旨更能代表皇权的了：一声“奉天承运皇帝诏曰”，无论是朝臣还是百姓都必须层层叠叠地跪拜，待宣旨太监念完“钦此”二字后，再用洪亮的声音高喊一声“吾皇万岁万岁万万岁”……在“普天之下，莫非王土”的时代，代表皇帝旨意的圣旨的确常常能起到“遇神杀神，遇佛杀佛”的作用，不过从法律角度来看，圣旨也就是一份再正常不过的下行公文，将皇帝的命令传达给特定的受众罢了。圣旨既不神秘也不神圣，细品之下还有一丝“文山会海”的案牍气，而至于其内容，放在当今的语境下，大致可以翻译成“××皇帝关于××××一事的通知”吧……

作为皇权在民间最常见的代表符号，圣旨一向是历史剧中的常客。镜头往往是这样推开的：衣着华丽、表情严肃的宦官勒马而立，风尘仆仆地缓缓打开一卷明黄色绸缎，用略显尖锐的声调庄严地念着“奉天承运皇帝诏曰”，眼前的臣工百姓层层叠叠跪拜，只待“钦此”二字念毕，齐声高呼“吾皇万岁万岁万万岁”……

在这些故事中，圣旨常常会扮演一个“扭转乾坤”的角色，作为王朝最强大的力量给予佞臣贪官致命一击。这的确很符合人们对明君的期望以及对封建王权的想象，然而事实上，圣旨与尚方宝剑、龙头铡一样，其大众文化形象早已与历史原型相去甚远。作为中国封建王朝级别最高的“公文”，圣旨背后虽然也有如“故剑情深”这般的浪漫故事，但作为君主命令下达的日常路径，它所折射的毕竟是朝廷运转机制的一个普通侧面，而非大众文化，或者是影视剧中精心构建的传说。

当然，这并不代表圣旨没有属于它自己的传奇。

“前圣旨时代”：君命文书的漫长演进

通俗而言，圣旨相对正规的称呼为诏令或诏书，可以理解为君主向臣民发布的下行文书，亦即君命文书。圣旨的历史可以回溯至宋元时期，诏书的历史可以回溯至秦朝时期，而君命文书的概念则更为源远流长，早在皇帝这一“职业”诞生之前就已经出现了。

《尚书》中的文体大致分为“典、谟、训、诰、誓、命”六种，其中诰为君主的告谕，誓为起兵命誓师文，命为君主的命令，虽然这些尚不是规范文种的名称，但可以视为君命文书的雏形。三代以降，不乏诰誓命的名篇：《尚书》中所谓“典谟训诰”，特指《尧典》《大禹谟》《汤诰》《伊训》四篇，其中《汤诰》即在此列。此外，如成汤兴兵讨伐夏桀时作的《汤誓》，周成王姬诵驾崩前下达的《顾命》等，均对后世君命文书的正式形成有很大影响。

清朝姚鼐在《古文辞类纂》中总结道：“诏令类者，原于《尚书》之誓、诰。周之衰也，文诰犹存，昭王制，肃强侯，所以悦人心而胜于三军之众，犹有赖焉。”在姚鼐眼中，虽然周朝已经陨落，但文诰依然以其“昭王制，肃强侯”的独特魅力在王朝更迭中流传于后世。至春秋战国时期，国君发布命令的文书被称为令、命，这是君命文书得名之始。秦朝统一后，在“天子自称曰朕”的同时改命为制，令为诏，君命文书从此有了法定名称。

但秦始皇嬴政所用的“诏”字也并非首创。周文王姬昌曾下达《诏牧》《诏太子发》，前者主要内容为鼓励农耕，类似于后世的劝农诏；而后者则是对周武王姬发的教育和训导。后世有学者将这两份“诏”视为诏书的滥觞。从君命文书“自觉性”的角度来看，《诏牧》《诏太子发》虽有诏之名，但未如秦朝一样强调其专属性与至高性，故“诏起秦时”一说也并非完全基于诏书之名，更在于诏书之实。

汉承秦制，继续沿用制、诏，又增加策、戒两种，由此形成了君命文书的四大种类，如《后汉书·光武帝纪》注云：“帝之下书有四：一曰策书，二曰制书，三曰诏书，四曰诫敕。”其中册封罢免诸侯王及三公、回复臣僚均用策，东汉末年将册封罢免诸侯王及三公的文书改为册；戒也可称为诫、戒书、戒敕等，用于告诫地方官员。

汉朝的君命文书制度经历三国两晋南北朝一直延续，直到隋朝依然以制、诏、册、敕为四品，这里的敕即戒敕的省文。制用于制定法律政策，诏用于发布重要政令，册用于册封王公贵族，敕用于处理日常政务——在这一分工中，不难看出诏的皇权色彩已经相对厚重。

唐朝在承袭隋制之余，又增加诰、御札、榜等，诏书依然用于发布重要政令。唐朝向全国臣民发布的诏令要求各地方出榜张挂，故又称为榜，宋承唐制，称为敕榜。金、元两朝在唐宋旧制的基础上又大有增设，其中金朝皇帝发布的君命文书种类繁多，有诏、制、册、敕、谕、诰、令、旨、宣、祝文、祭文、铁券文等。在元朝，“圣旨”的名称终于正式出现。

元朝《经世大典·序录》中记载：“古者典、谟、训、诰、誓、命之文，或出于一时帝王之言，或出于史臣之所修润，其来尚矣。国朝以国语训敕者，曰圣旨；史臣代言者，曰诏书。”

《经世大典》仅存《序录》，之后列著的君命文书已不可考，但从《序录》的只言片语中可以清晰得知，元朝的圣旨以蒙古文记录，诏书则由翰林国史院用汉文起草代皇帝言。后世有学者以文法区分元朝的圣旨与诏书：其中白话者为圣旨，文言者为诏书。这倒也情有可原：圣旨初稿以蒙古文书写，译成汉文后并不求语句典雅；而诏书本为汉族官员书写，落笔自然古韵森森。

以元朝的视角来看，圣旨即“白话诏书”，诏书即“文言圣旨”——元朝的统治者当然不会想到，这样一个少了风雅庄重的“俗称”，居然会成为后人眼中皇权最具标识性的符号。

大众文化视野里的“圣旨”含义重塑

经过从三代到元朝二十余个王朝的承袭，“圣旨”终于阴差阳错地在元朝正式登上历史舞台。元朝因蒙古文与汉文难以兼顾，遂将诏书与圣旨二分；明朝作为汉族统治的王朝无须做此区分，而清朝君命文书以满文和汉文合璧书写，故以“圣旨”一词特指“白话诏书”在明清两朝已经没有实际意义。圣旨依然存在，只是在岁月的流逝中具有了新的含义。

明清两朝的君命文书在继承前朝各文体的基础上又有所创

设，其种类趋于大成，大致分为制、诏、册、诰、诰命、敕、敕书、敕命、圣旨、谕旨等，其中圣旨指皇帝未经拟稿，直接命太监各衙门传达的君命——这一“口头诏书”的功能在清朝渐渐被谕旨类文书取代。

除圣旨与谕旨外，制用于宣布祭祀天地、立太子等重大礼节性活动；诏一般用于向天下臣民发布重大事项；册、诰命、敕命用于覃恩封赠，其中王公贵族用册，五品及以上官员用诰命，六品及以下官员用敕命；诰用于颁布皇太后遗命；敕用于指挥日常政务；敕书用于标明地方官员的权力与职责。

民间流传的明朝君命文书大多是以“奉天承运皇帝敕曰”为开头的敕命。如前所述，敕命用于六品及以下官员的覃恩封赠，这些文书授予受封者后通常被妥善保管，敕命上的文字甚至会被刻碑以作纪念，故敕命虽然未必是君命文书中最重要的文体，但距离民间最近，自然也最容易被寻常百姓所知。

君命文书在清朝又有了极具特色的演进，那便是上谕的出现。上谕主要用于发布日常政令，雍正之前通常由内阁大学士或南书房的侍臣撰拟，军机处设立后由军机处大臣、军机章京撰拟。上谕又称谕旨，可细分为谕与旨，其中皇帝主动下达者为谕，应大臣奏请而发布者为旨，但若这种旨需要宣示中外，则也被归入到谕的范围。

上谕又可细分为朱谕、明发上谕与廷寄。朱谕由皇帝亲自执笔或由内阁大学士起草并经皇帝审改；明发上谕由内阁公开拟发，通常会传达至各地，与宋朝敕榜相似；廷寄则是密旨，其内容不得公开，由军机处密封后经兵部捷报处飞马速递至承接者亲启，故存世极少，殊为珍贵。

可以看出，经过十几个朝代的发展，君命文书在明清时期早非汉朝“策制诏戒”四种文体所能涵盖，其复杂程度就连官员本身都未必能尽知，更何况寻常百姓。如《明会典》中所载：“朝廷颁命四方，有诏书，有赦书，有敕符、丹符，有制谕、手诏。”而清朝编纂的《明史·职官志》中所载的“凡上之达下，曰诏，曰诰，曰制，曰册文，曰谕，曰书，曰符，曰令，曰檄”一句，便将明朝常用的敕遗漏。虽两种古籍不能简单对比，但这也体现了君命文书种类的多样化。

更进一步地说，历代王朝对君命文书虽多有微调，但所用名称不外乎诏、诰、制、册、敕等，一种文体在此朝为一含义，在彼朝又变成了另一含义，其变化多端并不亚于各朝官职。与此同时，圣旨作为正式的君命文书，其历史相对较短，故而民间所谓的圣旨均无法定义为元朝的“白话诏书”或是明朝的“口头诏书”，而更适合认定为皇帝或以皇帝名义颁发的各类君命文书的总称。唯有将通俗意义上的圣旨视为君命文书整体的代名词，才能涵盖自三代——至少是自秦朝以降的各种“圣旨类文书”。

“天下第一公文”的面子与里子

无论圣旨的历史在后世引发了多少误读，但有一件事是可以确定的，那就是圣旨“天下第一公文”的地位不容置疑，这种尊荣直接体现到了圣旨的形制上。

清朝圣旨多为朝廷监制，江宁织造府制成。以最常见的诰命和敕命为例，诰命有三色、五色、七色之分，文以“奉天诰命”为始；敕命用纯白绫织成，文以“奉天敕命”为始。诰命、敕命均为卷轴式，以升降龙盘绕，内容以汉文和满文合璧书写。圣旨图案、材质以受封者地位不同而有所区别：一品以下官员不分文武均为祥云锦面；一品文官诰命图案为鹤锦面，武官为狮锦面，俱用玉轴；二品用黑犀牛角轴；三品用贴金轴；四品及以下用黑牛角轴。

与元朝圣旨用蒙古文、诏书用汉文不同，清朝圣旨兼用满文和汉文，其中汉文行款从右向左，满文行款从左向右，合于中幅书写日期。诰命、敕命均由翰林院撰拟，经内阁大学士奏定后，再按品级填发，由庶吉士书写。若遇袭封，每袭一次都要在原给的诰命、敕命之后增写。

诰命、敕命承载着浩荡皇恩，受封者与袭封者自然会妥善保管。事实上清朝针对圣旨的保管也制定了严格的规定：受封人务必小心珍藏，如偶遇水、火、盗毁失者，经申请复议，尚准许重新补给。但若因收藏保管不善，导致虫蛀、损伤或潮湿破坏污染者，便要罚俸六个月；若是直接丢失或家道中落将圣旨典当，被发现则将革去官职。在这一严苛的律令下，受封人自然也不敢大意。

如果将圣旨的形制视为其“面子”，那圣旨的内容就是“里子”。大多数君命文书的内容与形式都相当固定，诰命、敕命更是典型的公牍文体，故虽多出于才子之手，但其创作余地非常有限。从明清两朝的诰命、敕命来看，其字体均为端庄的馆阁体，几近于印刷，行文精悍洗练。

诏书涉及的内容相对驳杂，故而能够给予书写者较大的创作空间。从宏观的历史视角来看，能够大致品味出这一“天下第一公文”的文风演变过程。自秦汉以降，诏书大体沿着从散体转向骈体、从古朴转向雅丽的方向发展。汉朝诏书多以散体行文；崇尚骈俪的六朝，诏书的文风也渐渐变得“错彩镂金”；而唐宋两朝骈散相间，各有其趣。从这个角度来看，诏书的文风与王朝的气质相互呼应，如汉朝诏书的雍容不迫、宋朝诏书的巧不伤雅，均为后人所称道。

诏书文风的演化自然有文人雅士斟酌评判，但圣旨中最有名的章句，势必要数“奉天承运皇帝诏曰”的“开场白”。那么，这八个字又是怎么来的呢？

其实诏书的开头语自古并无定制，魏晋南北朝时期多以“应天顺时，受兹明命”开头。唐朝诏书一般由当时的门下省审核颁发，故多以“门下”开头，也有用“朕绍膺骏命”或“朕膺昊天之眷命”等句。直到元朝时，圣旨——这里的圣旨是指白话圣旨——的开头变成了“长生天气力里、大福荫护助里、皇帝圣旨”。

元朝圣旨以蒙古文为蓝本，“长生天气力里、大福荫护助里、皇帝圣旨”这几个字就是翻译成汉文时的“杰作”。作为君命文书的开头语，这样的文字显然不雅，于是在汉人的润色下渐渐被译成“上天眷命，皇帝圣旨”八个字。元朝徐元瑞的《吏学指南·发端》中更有解释：“钦惟圣朝，受天明命，肇造区夏，故曰上天眷命。诏敕之首，表而出之。”

明朝承袭元制，但明太祖朱元璋不满“上天眷命”四字的张扬，故改为“奉天承运”。如《明太祖实录》所载：“上以元时诏书首语必曰‘上天眷命’，其意谓天之眷佑人君，故能若此，未尽谦卑奉顺之意，命易为‘奉天承运’。庶见人主奉若天命，言动皆奉天而行，非敢自专也。”

朱元璋之语是托词还是真意已不得而知，不过“奉天承运皇帝诏曰”的断句却在后世引发了争议。究竟是该读“奉天承运，皇帝诏曰”，还是“奉天承运皇帝，诏曰”呢？从历史上来看，“诏曰”二字自汉朝以降便出现于君命文书之中，而明朝皇帝又有“奉天承运皇帝”之称，故而采用“奉天承运皇帝，诏曰”一说有其逻辑。然而，明朝承袭元制，元朝圣旨的开头语正是“上天眷命，皇帝圣旨”——朱元璋亲自将“上天眷命”改为“奉天承运”，故而采用“奉天承运，皇帝诏曰”一说亦符合语境。因此，这一争议孰对孰错，还需要研究更多史料方能解答……

结语

圣旨在大众文化中是古代皇权最直接的象征物，故而其定义也只能从大众文化的角度进行重塑。中国的历史悠久，王朝更迭频繁，君命文书的文体与定义过于复杂，将圣旨作为大众文化意义上君命文书的代名词，未尝不是一个取巧的方式。如何划分严肃历史与大众文化的界限？圣旨在此出了一道难题。不过，这一切并不影响有心人去探索追寻圣旨背后那林林总总的故事。

帝王的权杖

玉玺漂流记：

天命权力证书的起与落

东汉末年天下大乱，九州一时出现了众多实力强劲的军阀与诸侯，如马腾、刘表、公孙瓒，以及广为人知的袁绍和曹操等。这些诸侯或是手握重兵，或是皇亲国戚，抑或是“门生故吏遍天下”，但只有一个人，胆敢在割据中率先称帝，这个人就是袁术。在各路诸侯中，袁术的名望、兵力、势力范围都未必最强，为什么他有底气称帝？熟悉《三国演义》的读者自然知道，是因为袁术拥有了传国玉玺。自秦汉易代后，玉玺似乎就是“天命权力证书”，得玉玺者可得天下，而无玉玺者纵然当了皇帝也是“白板天子”。那么为什么玉玺会有如此魅力，以至于儒学昌盛的古代中国，竟然会接受如此具有“宗教”色彩的“神器”？历史的真相可能会让你倍感意外。

“皇帝之宝”玉玺
中国国家博物馆藏

东汉末年，袁术因为得到玉玺便相信自己“天命加身”，急不可耐地登基称帝。熟悉《三国演义》的读者自然知道，袁术僭号称帝的结果当然是以悲剧收场，这位乱世枭雄很快被曹操派来的“刘皇叔”截杀，最终皇帝没做成，反误了卿卿性命。

袁术称帝的故事情节并不复杂，但背后的逻辑耐人寻味：为什么一个汉朝的官员得到了玉玺，就觉得自己有资格当皇帝了呢？从法律关系的角度来看，玉玺在这里成了一个无记名式权力证书，有着“占有即所有”的属性，而且居然还能跨朝代通用，成为后世野心家争逐的对象。小小一枚玉玺，为何会具有如此神奇的魔力呢？

玉玺的奇幻漂流

作为中国古代皇权的标志，玉玺其实还有一个前身：禹鼎。清朝史学大家赵翼曾说：“三代以上以禹鼎为重，六朝以上以秦玺为重，盖风尚如此。”

传说大禹划分天下为九州之后，令九州州牧贡献青铜，并将其铸造成了九鼎，以一鼎代表一州，九鼎自然就代表天下。夏商周三朝，禹鼎一直作为传国重器存放在都城，作为统治者权力的象征。春秋时期，楚庄王熊旅问禹鼎的大小轻重，意欲取代周朝，当时的王使王孙满以“周德虽衰，天命未改，鼎之轻重，未可问也”为答复，最终使熊旅放弃了伐周的野心，由此留下了“楚王问鼎”的典故。

楚王的野心，最终由秦始皇实现了。公元前221年，秦王嬴政凭借“六王毕，四海一”的赫赫武功建立了第一个统一的中央集权封建王朝秦朝，并开始进行一系列大刀阔斧的改革，同时想方设法突出皇权至高无上的地位，其中之一便是将玉玺的使用权垄断在皇帝手中。

玺，最早就是“印信”之意。秦朝之前百姓均用金、玉制作印信，所以玺算不上稀罕物，直到秦朝之后，唯有天子的印信称玺，且独以玉制，从此群臣不再敢擅用。也就是说，玉玺连同这两个汉字正是在秦始皇手中成了皇权的代表，连群臣都“莫敢用”，更别说普通“黔首”了。秦朝二世而亡，末代君主子婴正是跪捧着这枚玉玺迎接汉高祖刘邦的到来。

如果说以玉玺为皇帝特权的制度设计还仅仅是秦朝的“一厢情愿”，献玺这一仪式被后继王朝的开国君主所接受，就使得玉玺的继受正式成为王朝更迭的象征。

而刘邦接受玉玺的背后，也有着特殊的时代背景与个人因素。西汉的开国君主刘邦出身于亭长，在六国的众多旧贵族面前，其显然需要一个论证自己“天命加身”的证据，而这枚玉玺显然是最好的道具。刘邦之后，玉玺在历代汉皇手中传继，直到王莽篡汉时，也是以逼迫皇太后交出玉玺为标志，秦始皇的玉玺成了货真价实的传国玉玺。

东汉建立后，玉玺辗转为汉光武帝刘秀获得，一直传至汉灵帝手中。经过秦、西汉、新、玄汉、东汉数朝四百余年的层层加持，玉玺的象征性被无限扩大，这才推动了袁术得到玉玺便自认为“天命加身”的事件。

不过，玉玺至此已经有了一丝奇幻色彩。东汉末年天下大乱，雒阳——东汉都城——一片动荡不安，玉玺也在混乱中失踪。董卓之乱后，孙坚进军雒阳时发现一口枯井冒出“五色气”，于是派人下井查看，由此捞出了玉玺。玉玺被孙坚捞出后遭到了袁术的觊觎，袁术拘禁了孙坚的夫人才将玉玺夺到手。然而，袁术当然没有想到，这枚玉玺带来的不是帝王气，而是丧钟。

袁术败亡后，玉玺归于“挟天子以令诸侯”的曹操，并随着历朝更迭一次次流传于不同的皇室。《北史》中载：“二汉相传，又历魏、晋；晋怀帝败，没于刘聪；聪败，没于石氏；石氏败，晋穆帝永和中，濮阳太守戴僧施得之，遣督护何融送于建业；历宋、齐、梁；梁败，侯景得之；景败，侍中赵思贤以玺投景南兖州刺史郭元建，送于术，故术以进焉。”隋朝灭亡后，萧后携玉玺逃入突厥，直到唐太宗时期玉玺复归于中原。之后玉玺又经后梁传至后唐，最终随着后唐末帝李从珂的自焚而灭失。之后各朝虽然常有玉玺复出的消息，但早已真伪难辨，反倒是玉玺所代表的“天命”，长久流传于世人心中。

玉玺的封神之路

不了解玉玺的历史背景，便无法明白这一小小的玉器为何能在多少千古风流人物心中承载起整个王朝的厚重。玉玺的封神之路背后，其实隐藏着历代王朝法统的构建之路。

法统可以视为法律的基础、统治权力的法律根据，放在历史的语境下，法统基本与“天命”同义。显然，中国历代王朝并未经历过公民选举等程序，那皇帝的法统来源是什么呢？这个问题看似简单，其实异常难解。

夏朝开国君主启开创了“家天下”的模式，被神化的大禹就成了法统的基础。启之后的王位继承，可以大大方方地通过“兄终弟及”“父死子继”的传统在同一家族内过渡。这种模式在天下太平时或许不会出现太大问题，然而一旦朝代更迭，有新的家族取而代之，新任君主就无法再使用这一法统依据了。

从这一角度来看，禹鼎早已不再是大禹的象征这么简单。大禹代表了夏朝的法统，但这种法统是不能转移的；禹鼎事实上代表的是天下的法统，这种法统是可以转移的。商汤灭夏、武王伐纣，中国历史出现了一次次“家天下”的变更，但禹鼎依然能够被赋予超越朝代的“天命”，所以周朝衰落时才会有楚王问鼎的故事发生。

到了秦朝，禹鼎变成了玉玺。其实禹鼎与玉玺本质一样，只是形式不同——它们都代表着一个新朝代法统的基础。禹鼎凝结着大禹的伟大功绩，而玉玺凝结着秦始皇千秋霸业，这些背后的逻辑本源，就是玉玺封神之路上的第一个台阶。当秦王子婴跪献玉玺以示臣服时，刘邦带着整个汉朝，将脚印踩在了玉玺封神之路的第二个台阶上，玉玺“无记名式权力证书”的性质由此奠基。

而到了王莽时代，玉玺封神之路的第三个台阶也出现了：初始元年（8年），王莽逼迫王政君交出玉玺，同时接受汉帝禅位并建立新朝，这几乎是两百多年前子婴献玺之事的翻版。新朝很快陷入混乱，玉玺先是被献与更始帝刘玄，之后又易主至光武帝刘秀。玉玺在短短十数年间见证了新朝、玄汉、东汉三朝皇帝，玉玺即法统的逻辑链在纷纷乱世中终于沉淀下来。东汉末期，袁术获得玉玺后称仲氏皇帝，这充分说明玉玺成为法统“权力证书”之事已经毋庸置疑。

南北朝时期，后赵石勒得到玉玺，于右侧加刻“天命石氏”，这几乎相当于后世君主在玉玺这一“权力证书”上加盖的“骑缝章”；至唐朝时，唐太宗李世民因未寻到玉玺，还刻了数方“受命宝”“定命宝”等“玉玺”聊以自慰，可见功高如唐太宗这般的雄主，也依然过不了没有玉玺这道坎……

浩瀚历史长河中，真正的赢家不是那些得到玉玺的帝王将相，而是玉玺本身。恰如郝经在《传国玺论》中所说的那样：“天下之人，遂以为帝王之统不在于道而在于玺，以玺之得失为天命之绝续。”而没有玉玺之人，就算当上了皇帝，也是“白板天子”——这也称得上是中国文化中的一桩奇闻了。

走下神坛的玉玺

从宏观角度来看，玉玺之所以被历代君主所吹捧，一个很重要的原因是它在“家天下”之外成功开拓了一条通向法统之路，为各朝提供了“天命”的逻辑起点。玉玺是一项“权力证书”，它意味着皇权可以突破血统与世系，在新的君主身上扎根，从而开创新的时代。

然而，与五德终始、谶纬、封禅等制度文化一样，玉玺超越朝代的法律地位也一步步走向衰落，而衰落的起点，正在理学昌盛的宋朝。

后唐末期，玉玺随着李从珂自焚而消失，直到北宋绍圣三年（1096年），咸阳百姓段义无意中挖出了玉玺，这个已经消失近百年的法统权力证书才重新进入朝廷的视野。按传统来说，这算是难得的吉瑞，本应是一件盛事，然而不少儒士冷眼相待，其中最具代表性的便是刘恕之论：“正统之论兴于汉儒，推五行相生、指玺绂相传以为正统。是神器大宝，必当扼喉而夺之，则乱臣贼子，释然得行其志矣……”

作为《资治通鉴》副主编之一的刘恕，根本不在意这枚玉玺的真伪，认为它就算是真的，也与朝代的法统无关，只不过是“乱臣贼子，释然得行其志”的借口罢了。当然，在综合考量之下宋哲宗赵煦最终还是接受了玉玺并改元元符。在改元诏书中，赵煦如此强调：“朕统承圣绪，绍述先猷，克享天心，屡蒙佳贶……申锡无疆，神玺自出。”具有讽刺意味的是，在这封诏书出具后不到三十年，北宋就灭亡了……

在赵煦的诏书中，玉玺不是北宋法统的起点，而是一份重要的佐证材料；而刘恕等人的言论在后世有着越来越强大的影响。元成宗孛儿只斤·铁穆耳拿玉玺做文章得以继位，但在这个皇帝眼中，玉玺不过是因“适当其时而出”而被利用的非常手段，凝聚于其上的法统“光环”已然黯淡。

到了明朝，玉玺受到的“轻视”更上了一个台阶。明朝玉玺两次“复出”，一次是在弘治十三年（1500年），当时的礼部尚书傅瀚评论道：“受命以德不以玺也。故求之不得，则伪造以欺人；得之，则君臣色喜，以夸示于天下，是皆贻笑千载……”在傅瀚眼中，王朝的法统来自德而非玉玺，在德面前，任何所谓的法统权力证书都只不过是贻笑大方。

另一次是在天启四年（1624 年），这一次，发现地的巡抚程绍递交了一份奏折，言辞之间透露出深深的尴尬：“今玺出，适在臣疆，既不当复埋地下，又不合私秘人间。欲遣官恭进阙廷，迹涉贡媚。且至尊所宝，在德不在玺，故先驰奏闻，候命进止。”大意是，这枚玉玺恰好在臣的辖地出土，重新埋到地下不妥，藏于民间也不妥，进贡到朝廷又显得谄媚，所以先通报皇帝一声，您看着办……

傅瀚有“受命以德不以玺”，程绍有“至尊所宝，在德不在玺”，可以看出在明朝官员眼中，玉玺已经不再是法统的权力证书。

到了清朝乾隆皇帝眼中，玉玺更成了一件普通的“玩好旧器”，在《国朝传宝记》中，这位“十全老人”以“君人者在德不在宝”八个大字，为玉玺做了盖棺论定，玉玺的政治权力史，由此画上了句号……

结语

作为中国历史上重要的法统权力证书，玉玺承载的不仅仅是王朝的更迭史，更是中国政治制度的发展史。从秦汉魏晋隋唐诸朝皇帝对玉玺的追逐，到宋元君主对玉玺的矛盾态度，再到明清帝王对玉玺的轻视，中国的封建政治制度也变得日益健全、成熟。玉玺的封神之路帮助中国人摆脱了“家天下”的束缚，而其走下神坛时，带走的还有整个时代对“天命”的迷信。

与中国的玉玺相对，日本皇室的“三神器”在数千年间一直被当作日本皇室的信物，为民众所膜拜。所谓“三神器”，特指天丛云剑（草薙剑）、八尺琼勾玉和八咫镜，向来是“天命”的象征，在日本南北朝时期更成为考量正统的重要标志。只是在日本神话中“三神器”均源于神界，因而其逻辑基础有着更为浓厚的宗教色彩，而作为“神器”，玉玺的历史似乎有些过于分明了。

延伸阅读

日本皇室的“三神器”为历代天皇所传承。14世纪，日本步入“一天二帝南北京”的南北朝时期，“三神器”就成为确定王朝正统的重要信物。1392年，南朝后龟山天皇在向北朝后小松天皇交出“三神器”后退位，日本由北向南实现统一，但最终被认定为正统的却是持有“三神器”的南朝。相较于在中国渐渐不为君主所重视的玉玺，“三神器”作为日本的“天命权力证书”，其生命力似乎更为强大。

帝王的权杖

丹书铁券录：

免死金牌或是催命符

“钱镠铁券”（复制品）
中国国家博物馆藏

如果说《三国演义》中的最强“神器”是玉玺，那《水浒传》中的最强“神器”就是丹书铁券。梁山泊一百单八将中，“小旋风”柴进因是后周柴世宗后裔，家中有宋太祖赵匡胤敕赐的丹书铁券，故而面对官员步步紧逼时依然底气十足，百般周旋。这里的丹书铁券历史上确有其物，民间俗称为“免死金牌”，因为丹书铁券确实有免死的功用，最夸张的甚至能“恕九死”。不过，正如柴进最后被逼上梁山落草为寇一样，历史上有丹书铁券的功臣勋贵也往往不得善终，甚至家破人亡，这一现象在明太祖朱元璋在位时期尤其明显——与其说丹书铁券是“免死金牌”，倒不如说它是“催命符”……

死亡是世人绕不开的终点，司马迁在《报任安书》中说的“人固有一死”和文天祥在《过零丁洋》中写的“人生自古谁无死”都是关于生命始终的经典表述。然而，中国古代却有一样法律器物，能够让人有“不死”的权利，那就是丹书铁券。

关于丹书铁券，最著名的莫过于《水浒传》中柴进的故事。梁山好汉大多为贩夫走卒、江湖匪类，柴进的出身在这群人中显得尤为显贵。《水浒传》第五十一回“插翅虎枷打白秀英　美髯公误失小衙内”用了一阕《西江月》描述：“累代金枝玉叶，先朝凤子龙孙。丹书铁券护家门，万里招贤名振。待客一团和气，挥金满面阳春。能文会武孟尝君，小旋风聪明柴进。”

关于上阕第二句中的“丹书铁券”，书中曾三番五次提及其来由与作用。林冲被发配沧州行进至柴进庄头时，酒店主人说柴进“是大周柴世宗子孙。自陈桥让位，太祖武德皇帝敕赐与他誓书铁券在家中，谁敢欺负他”；后柴进也曾自述“家间祖上有陈桥让位之功，先朝曾敕赐丹书铁券，但有做下不是的人，停藏在家，无人敢搜”。可以看出，《水浒传》中柴进为后周世宗后裔，故宋太祖赵匡胤赐其丹书铁券，这正扣历史上发生于显德七年（960年）的陈桥兵变。这一年赵匡胤于陈桥黄袍加身，柴宗训不得不“应天顺人，法尧禅舜”，将帝位禅让与赵匡胤。由此看来，将柴进称为“先朝凤子龙孙”，倒也非夸张之词。

后周柴氏一族被宋朝奉为“国宾”，故而依宋律中的“八议”

制度，柴进违律论罪时的确有“议、请、减、当、免”的特权。不过历史上的赵匡胤并没有赐柴氏以丹书铁券，《水浒传》中之所以如此设计，大抵是因为丹书铁券在民间文化的影响力与可识别性较复杂的“八议”制度为佳，故而更适合运用于通俗小说中。那么问题来了：丹书铁券究竟是何方宝器，居然能让柴进有胆与当朝权臣争锋？如果现实生活中真有柴进此人，而柴进也的确有丹书铁券，那他是否还会落得落草为寇的下场？

泛而言之，丹书铁券是指皇帝颁发给特定人士的一种带有盟誓性质的文书，持券者因此得以享受相应特权，甚至免死，故民间俗称为“免死金牌”。不过，仅将丹书铁券简化为“免死金牌”就过于小看这一器物的内涵了。

丹书铁券渊源于周朝，肇始于汉朝，历经魏晋南北朝隋唐宋元诸朝，于明朝达到兴盛而后迅速消亡，在这期间当然有人因丹书铁券而成一时之贵，但更多的人将丹书铁券用成了“催命符”，这里的故事远不是“免死”二字所能概括得了的。

“丹书铁券”是一个统称，历代对其叫法不一。两汉分别称为“丹书铁契”和“丹书铁券”，“契”与“券”相通，“丹书”则是指铁券上的誓词用丹砂书写。《资治通鉴》《隋书》《辽史》中又分别有“银券”“金书铁券”“金券”之称，是由于制作材料的不同。《明史》中因铁券可世代相传又称其为世券，其实与丹书铁券本为一物，只是命名角度不同罢了。

国以永存：汉朝君臣的剖符作誓

论及丹书铁券的诞生，就不得不提到汉朝的开国皇帝——汉高祖刘邦。汉朝之前本无丹书铁券，据《汉书·高帝纪》载，刘邦平定天下后“命萧何次律令，韩信申军法，张苍定章程，叔孙通制礼仪，陆贾造《新语》，又与功臣剖符作誓，丹书铁契，金匮石室，藏之宗庙”；而“剖符作誓，丹书铁契”的内容，则是“使河如带，泰山若厉，国乃灭绝”十二个字。正是这十二个字，缔造了中国历史上最古老的丹书铁券。

汉朝建立后，刘邦鉴于秦朝孤立之败，于是杀白马与众盟誓云：“非刘氏不得王，非有功不得侯。不如约，天下共击之。”如果说“非刘氏不得王”是汉朝皇室内部的权力分割，那“非有功不得侯”则牵涉皇室与朝臣之间的利益分配，丹书铁券，可以说正是这种利益分配的文字佐证。《后汉书·祭遵传》中所载范升的上疏很好地点明了这一点：“昔高祖大圣，深见远虑，班爵割地，与下分功，著录勋臣，颂其德美。生则宠以殊礼，奏事不名，入门不趋；死则畴其爵邑，世无绝嗣，丹书铁券，传于无穷。”刘邦借丹书铁券“班爵割地，与下分功”，而功臣也因被授予了丹书铁券得以“生则宠以殊礼”，“死则畴其爵邑”，可见丹书铁券在其诞生之初的确具备帝王与臣子之间的“契约”之意。

“剖符作誓”本是古礼。依《周礼》，先秦时期盟誓当由司盟撰写誓词并记于简册上，“既盟则贰之”。先秦时期将竹符剖分为二，盟誓的双方各执其一，遇事时作为凭证勘验，“诸所合节以为‘契’者也”。早期的券多为易折断、烧毁的材料，解除券中约定时通过焚券、削券、折券等方式表示权义两清。而刘邦改为丹书铁券，其意自然是“申之以丹铁而图不朽”，正合河山带砺之意。

从秦汉之交的契约习俗来看，丹书铁券的源头应当是古老的盟誓之礼。不过《周礼·秋官司寇》中有“大约剂书于宗彝，小约剂书于丹图”的表述，郑玄注曰：“今俗语有铁券丹书，岂此旧典之遗言与？”从中或许能推得汉人的“丹书”或多或少受到了“丹图”的影响。

无论如何，丹书铁券这一君臣间的“契约”，终于在西汉草创时诞生了。那么，此时的丹书铁券是否能被视为“免死金牌”呢？

答案是否定的。汉初的丹书铁券更近于荣誉而无法外之权，更非免死承诺，持券功臣中也不乏获罪之人，如萧何便因“强贱买民田宅”“多受贾人财物”而入狱险遭不测。功臣本人已然如此，功臣之后则更无免罪特权。例如，持券功臣周勃封绛侯，其子周胜之嗣因杀人获罪而身死国绝；后次子周亚夫被封为条侯，续绛侯后，且周亚夫本身是平定七王之乱的元勋，但最后依然被逼得绝食而死。

有汉一朝，持券功臣“以事失侯”者比比皆是。《史记·高祖功臣侯者年表》中记载道：“汉兴，功臣受封者百有余人……至太初百年之间，见侯五，余皆坐法殒命亡国。”《汉书·高惠高后文功臣表》中则直接感叹：“子孙骄逸，忘其先祖之艰难，多陷法禁，陨命亡国，或亡子孙。讫于孝武后元之年，靡有孑遗，耗矣。”汉初的持赐功臣何止不能免死，甚至连其子孙的封地也基本在太初年间便所剩无几。可见汉朝丹书铁券非但不能免死，纵然是誓词上“国以永存，爰及苗裔”八字也实现得极为勉强。

之所以如此，是因为刘邦以丹书铁券赐予臣下毕竟不是真心希望这些“迹汉功臣”成为法外权贵，而是借以“劝戒后人，用命之臣，死而无悔也”。一旦这些功臣真的行违法乱纪甚至谋逆之事，皇权之下自然没有罪臣容身之处，故而丹书铁券虽是“契约”，但更象征着帝王权力。

除将铁券赐予功臣外，汉朝亦偶有用铁券与他国盟誓之举。《太平御览》载，高祖九年（公元前198年）娄敬曾持节与匈奴划地为界，“作丹书铁券曰：‘自海（贝加尔湖）以南，冠盖之士处焉；自海以北，控弦之士处焉。’割土盟誓然后求还”。在此处，丹书铁券又带有“却其敌意”的羁縻之意。

刘邦之后，两汉帝王未再将铁券赐予大臣，但丹书铁券出现时或代表君主，或代表王朝，故汉人亦习惯将铁券与帝权直接挂钩。如《后汉书·桓帝纪》所载，延熹八年（165年）盖登称太上皇帝，便自制“玉印、圭、璧、铁券”，可见在民间铁券的地位已与玉印、圭、璧御用器物地位相当。另据《晋书·张昌传》载，西晋太安二年（303年）张昌、刘尼起事时，也将“云凤皇降”和“珠袍、玉玺、铁券、金鼓自然而至”同列为祥兆。然而值得一提的是，三国、西晋时期朝廷并未颁丹书铁券，由此可见民间对这一器物的崇拜已根深蒂固。

东晋以降，丹书铁券再次出现。大兴四年（321年），东晋元帝司马睿在拜鲜卑慕容部首领慕容廆监平州诸军事、安北将军、平州刺史等职时，又赐其“丹书铁券，承制海东”。很明显，这里的丹书铁券羁縻色彩甚浓，与汉初诸功臣所受的丹书铁券完全不同，更与免罚免死无关。然而在南北朝时期，这种情形却悄然发生变化。

南北朝是中国历史上大分裂、大融合共存的时期。各势力分疆裂土的同时，汉晋数百年几近于绝迹的丹书铁券突然大量出现，并摇身一变成了后人眼中的“免死金牌”。北魏孝文帝拓跋宏“兴礼乐，变华风”之后，北魏一度“赏赐无度，盈积私家，金书铁券，不死之诏频以许人”。这一风气明显延续到了后继王国，西魏时期大将李穆冒死救宇文泰，宇文泰感激之余“特赐以铁券，恕其十死”，在此丹书铁券作为“免死金牌”，已然实至名归。

不过，南北朝的丹书铁券在赏赐功臣之余，也出现了更灵活的用法。丹书铁券可以招降，如南朝梁任果降北魏时“太祖嘉其远至……赐以铁券，听世相传袭”；可以招安，如杜洛周起义，北魏孝明帝元诩“杨当潜使以铁券说贼党”；可以策反，如侯景叛乱时，梁武帝萧衍收买范桃棒，“敕镌银券，赐桃棒曰：‘事定之日，封汝河南王。’”

丹书铁券在南北朝不足两百年的历史中获得了极大的延展：一方面，作为“免死金牌”的丹书铁券终于出现；另一方面，丹书铁券在政治军事活动中的作用被极大拓展。这一切都成为后世丹书铁券的“底色”，最终为这一器物在民间文化中披上了一层神秘面纱。

臣反赐券：怀柔之心与强藩悍将

南北朝统一于隋后，丹书铁券制度依然持续。隋末，越王杨侗称帝，段达、王世充等七人因拥立之功被“委以机务，为金书铁券，藏之宫掖。于时洛阳称段达等为‘七贵’”。此时的丹书铁券被称为金书铁券，得益于冶金技术不断发展，铁券上的誓文已能够用金银填嵌。《隋书》中未明言“七贵”的金书铁券是否有免死之权，只是“七贵”无一例外均未得善终——这也不能怪铁券，而是乱世之中弄权者多难全身而退，这并非一枚金书铁券所能改变的。

隋唐易代后中国再次迎来大一统，唐高祖李渊如刘邦一样开始论功行赏，颁布了一道《褒勋臣诏》："朕起义晋阳，遂登皇极，经纶天下，实仗群材。尚书令秦王世民、尚书右仆射裴寂等，或合契元谋，或同心运始，并蹈义轻生，捐家殉节，艰辛备履，金石不移。论此忠勤，特宜优异。官爵之荣，抑惟旧典；勋贤之议，宜有别恩。其罪非叛逆，可听恕一死。其太原元谋勋效者，宜以名闻。"

在这道诏书中，李渊明确了诸勋臣"恕一死"的法外之权。虽然其中未提及丹书铁券，但在《唐大诏令集》中，这一封诏书被归入"功臣·铁券"篇，可知当时虽无其名而已有其实。以此为基础，唐朝的丹书铁券开始有了相对固定的格式要求，其誓词基本包括以下内容：赐券日期，受赐者的姓名、官爵、邑地，受赐者的功勋业绩；册封内容与赋予特权；对受赐者的训诫，臣子须忠于朝廷以"长袭宠荣，克保富贵""永将延祚子孙"；最后则是皇帝之誓，否则"天不盖，地不载，国祚倾危"。格式的固定意味着制度化的开始，也意味着唐朝君主对丹书铁券这一形式的重视，最著名的例子莫过于武则天的身后之事。

武则天晚年自知国政将复归于李氏，"虑身后太子与诸武不相容，壬寅命太子、相王、太平公主与武攸暨等为誓文，告天地于明堂，铭之铁券，藏于史馆"。可见武则天为保护武氏后人，最终将希望寄托在了铁券之上。虽说此举出于无奈，但毕竟意味着丹书铁券依然有相对的公信力——只是这种公信力如镜花水月一般，未能给武氏后人以安定的未来。

武则天的“迷信”背后，是当时统治者对丹书铁券的频繁使用，与此相应，丹书铁券各方面的功用亦在唐朝得到了加强。首先是册封功臣。有唐一朝，尤其是高宗、中宗、睿宗时期，皇室内部权力争夺极为激烈，几乎每一次“夺门”之变，都有臣子以拥立之功获铁券，如杨元琰定张易之、张昌宗后便获“赐铁券，恕十死”。其次是劝降羁縻。唐立国之初四方未定，李渊便曾对苑君璋“使诏之，赐铁券，约不死”。天宝年间，少数民族首领如护密国王子颉吉里匐、柘支国顺义王子那俱车鼻施等多有获丹书铁券者，是“重爵贵号，以崇其宠；丹书铁券，以表其忠”之意。最后是妥靖强藩，以安反侧也是最特殊的功用。

唐朝后期，尤其是安史之乱后，藩镇割据日益严重，面对众多强藩悍将，朝廷根本无力掌控，故只得示怀柔之心，丹书铁券就成了最好的选择。如唐代宗对李宝臣、李怀仙、薛嵩、田承嗣等藩镇下诏“凡为安、史诖误者，一切不问”，并“皆赐铁券，誓以不死”；同样，面对王武俊、朱滔、田悦、李纳等悍将僭号称王，唐德宗不仅赐铁券，还在券文中罪己道：“万方有罪，罪在朕躬，我实不德，兆民非咎。”至僖宗、昭宗二朝，唐朝朝廷已经衰弱到帝王被乱兵所逼频频出幸，于是皇帝在危急之下只得将丹书铁券视为救命稻草任意赐券，由此导致的结局是唐末受券的“功臣”功劳未必显著，铁券上所载的权力却日益加强，动辄“恕十死”且能惠及子孙。

现存最古老的一枚丹书铁券实物，正是在唐末的悠悠乱世中诞生的。乾宁二年（895年），义胜军节度使董昌于越州称帝，建大越罗平国，董昌部将钱镠不肯相附，奉唐昭宗李晔之命平叛并取得胜利。董昌平定后，李晔大喜过望，拜钱镠为镇海、镇东两镇节度使，加检校太尉、中书令，并赐丹书铁券，券文如下：

“维乾宁四年岁次丁巳，八月甲辰朔四日丁未，皇帝若曰：咨尔镇海镇东等军节度、浙江东西等道观察、处置营田招讨等使兼两浙盐铁制置发运等使，开府仪同三司检校太尉，兼中书令，使持节润越等州诸军事兼润越等州刺史，上柱国彭城郡王食邑五千户，食实封一百户钱镠，朕闻铭邓骘之勋，言垂汉典；载孔悝之德，事美鲁经。则知褒德策勋，古今一致。顷者董昌僭伪，为昏镜水，狂谋恶贯，渫染齐人。而尔披攘凶渠，荡定江表，忠以卫社稷，惠以福生灵。其机也氛祲清，其化也疲羸泰。拯於粤于涂炭之上，师无私焉；保馀杭成金汤之固，政有经矣。志奖王室，绩冠侯藩，溢于旂常，流在丹素。虽钟繇刊五熟之釜，窦宪勒燕然之山，未足显功，抑有异数。是用锡其金版，申以誓辞。长河有似带之期，泰华有如拳之日，惟我念功之旨，永将延祚子孙，使卿长袭宠荣，克保富贵。卿恕九死，子孙三死，或犯常刑，有司不得加责。承我信誓，往惟钦哉！宜付史馆，颁示天下。”

历朝丹书铁券能留存于后世者寥寥，而这一份“钱镠铁券”居然得以历经千余年而传世，其中亦经历了不少传奇故事。从这一份铁券中可以明确看到“卿恕九死，子孙三死”和“或犯常刑，有司不得加责”两句，得此丹书铁券不仅能免九次死，有普通的违法之举时有司甚至没有执法权，这样的“免死金牌”也真是续命宝器了。

不过，丹书铁券的功用本立足于帝权，一旦皇帝本身的权威扫地，丹书铁券所载之事的实现可能性也就可想而知了。唐末皇帝惯于用铁券安抚权臣之心，这使得丹书铁券本应隐含的荣耀嘉奖之意全无，取而代之的是受赐者有谋逆之心的暗示。唐德宗时期，李怀光有“解奉天之难”之功却不受召见，因而心生不满。唐德宗李适为安其心而“加太尉，赐铁券”，未想李怀光的回应却是“人臣反，则赐铁券，今赐铁券，是使反也”。可见经过长时间的滥用与误用，唐朝后期的丹书铁券早已不是汉唐之初那河山带砺的荣誉，而是逆臣贼子的宣告文书。

虽然汉朝之后的丹书铁券功用暧昧，但自南北朝开始，这一器物因其明文记载的法外之权而日渐成为“免死金牌”的代名词。然而也正因如此，丹书铁券才更具讽刺意味，因为受赐铁券者中犯下死罪而真能免死者实在屈指可数。唐初期如功臣刘文静、裴寂一个被诬杀，另一个被流放而病逝；唐中期如桓彦范、敬晖、袁恕己等被杀于流放途中；唐晚期如杜让能受赐自尽，凡此种种，不一而足。由此而论，唐末强藩悍将发出“人臣反，则赐铁券”的呼声，也不枉丹书铁券本身的血迹斑斑。

血色承袭：有名无实的免死金牌

唐亡之后，五代不仅承袭了丹书铁券，更承袭了丹书铁券的血色。后唐庄宗李存勖对朱友谦“赐之铁券，恕死罪”，后又将朱友谦及其家族二百余口一并斩杀。友谦妻张氏临刑前拿出铁券言“此皇帝所赐也”亦是徒然。后晋高祖石敬瑭赐范延光铁券“许之不死”，然而范延光随即被杨承勋逼杀，石敬瑭亦未对杨承勋问责。对于丹书铁券有名无实之事，后唐明宗李嗣源与赵凤之间的一席对话阐述得非常明白。

《资治通鉴·后唐纪》载：“上（李嗣源）问赵凤：‘帝王赐人铁券，何也？’对曰：‘与之立誓，令其子孙常享爵禄耳。’上曰：‘先朝授此赐者止三人，崇韬、继麟寻皆族灭，朕得脱如毫厘耳。’因叹息久之。赵凤曰：‘帝王心存大信，故不必刻之金石也。’”面对受赐铁券者皆族灭的惨剧，连君王自身也“叹息久之”；而赵凤回答的“帝王心存大信，故不必刻之金石”就显得非常委婉，其意不外乎帝王若无信，刻之金石也无用罢了。

如果说南北朝给了丹书铁券“免死”的声望，那么唐朝则使这一声望烟消云散。宋朝立国之初为安抚李重进、卢绛、陈洪等将领曾赐其铁券，甚至对功臣王审琦也曾赐铁券，约定恕其本人九死、子孙五死，但赐券一事并未成制。

有宋一朝，朝廷对于丹书铁券基本持保留甚至是反感态度。北宋祥符年间，王沂公出使契丹，契丹馆伴耶律祥吹嘘其铁券，王沂公便回敬道："铁券，盖勋臣有功高不赏之惧，赐之以安反侧耳，何为辄及亲贤？"王沂公之论并非个论，胡寅有言："铁券许之以不死也，人臣有死罪，安得不死？而预以免死许之，是诱而致于戮也。愚者以之肆，黠者以之疑，无施而可。故虽高帝于功臣剖符作誓、丹书铁契、金匮石室、藏之宗庙，而不免予杀韩信、醢彭越、斩英布，又况其几乎？是故有功则赏，有罪则刑，尧舜三王不易之道，何以铁券为！"吕祖谦有云："赏赐非出于利诱，则迫于事势，至有朝赐铁券而暮屠戮者，则与'中心贶之'者异矣。"可见在宋儒心中丹书铁券不过是权术之器，终非善物。

在宋朝，以科举制度为核心的官僚政治形态全面取代门阀士族政治形态，中央集权进一步加强，丹书铁券的式微正是这一趋势的必然结果。然而与宋并存的辽、金诸朝，则进一步吸收了中原王朝的丹书铁券制度，以至于出现了耶律祥与王沂公之间的一幕。

辽朝赏赐臣下铁券的记载始于建国之初，其赐券主要针对皇亲国戚，如萧割辇、耶律隆庆、耶律宗愿、耶律淳等。辽朝视铁券为身份性标志，并无唐、五代时的滥授现象，但王沂公所言“赐之以安反侧耳”的情况也的确存在，辽道宗耶律洪基剪除耶律重元之前，正是通过“赐金券”的方式安其心的。金朝同样借鉴了丹书铁券制度，并在灭辽伐宋战争中针对功臣进行了赐券，约定“惟死罪乃笞之，余罪不问”“除叛逆外，余皆不问”“除常赦不原之罪，余释不问”等特权。不过与中原王朝多数丹书铁券一样，这些约定也如一纸空文，很快受券功臣就面对着“必欲杀之，誓券安足用哉”的无奈境遇。

《金史·百官志》中对金朝丹书铁券的形制有详细记载：“铁券，以铁为之，状如卷瓦。刻字画襕，以金填之。外以御宝为合，半留内府，以赏殊功也。”可见金朝铁券形制基本沿用中原旧制，一半颁给功臣，一半藏于内府，两券合起以验真伪。

辽金之后，元朝并无丹书铁券制度，仅成吉思汗曾赐誓券和黄金印于木华黎，以助其经略中原之势。有元一朝，倒是有一“答剌罕”的封号享受“九罪弗罚”的特权并可世袭，与丹书铁券功用相似。

元朝虽无丹书铁券，但在元朝之后情形再次逆转。《明通鉴》载，洪武元年（1368年），明太祖朱元璋“剖符封功臣，召（宋）濂议五等封爵，宿大本堂，讨论达旦，历据汉、唐故实，量其中而奏之”。至洪武三年（1370年），“大告武成，论功行赏，公爵者十人，侯爵者二十八人，铁券丹书，誓诸白水，河带山砺，爰及苗裔”，丹书铁券由此迎来了最为辉煌的时代。

从《明史》等典籍的记载来看，朱元璋设丹书铁券的初衷与刘邦相似，既有保恤功臣的意思，又希望通过示恩使功臣之后也能够报德明功、勤勤恳恳。不过由于宋元两朝的断档，明朝立国之初已不知铁券形制，朱元璋故而遣使请钱镠后人进献铁券，并以其为样板进行改良。因此，明朝铁券的形制与唐朝铁券保持了相对的延续性，而又有改良。

据《万历野获编》所载，明朝铁券“形如覆瓦，面刻制词，底刻身及子孙免死次数，质如绿玉，不类凡铁，其字皆用金填，券有左右二通，一付本爵收贮，一藏内府印绶监备照”，比之于唐朝铁券，在质地、券文内容等方面均有变化。尤为不同的是，唐朝铁券为单券，明朝铁券则与金朝相仿，分为二通，一通给受赐人，另一通收藏于内务府。

与形制上的改变相对应，明朝铁券最大的变化在于其制度化。《大明会典·功臣封爵》载“所封公侯伯，皆给诰券”，意味着赐券已经成为公侯伯三等爵受封时必备的程序，而高低不同的爵位所对应的铁券亦大小不一，从“一高尺，广一尺六寸五分”到“一高六寸五分，广一尺二寸五分”不等。那么，关键的问题来了：明朝的丹书铁券，是否有“免死”功效呢？

当然有，不过相对于唐朝动辄“恕十死”的做法，明朝铁券的规定相对保守。如大将军徐达在明初号称战功第一，被封魏国公，然依其铁券，徐达只能免死三次，其子免死二次。又如丞相、太师、位列百官之首的李善长，依其铁券亦仅能“免二死，子免一死”。免死一次至两次，成为明朝铁券的“标配”。

那明朝丹书铁券的“免死”功效，是否能落到实处呢？言及此，正可谓“日光之下，并无新事”。

明朝铁券的功用受限有其必然性。一方面，持券功臣自恃有铁券犯法，在明初就已成大患。如蓝玉不仅私吞大量珍宝驼马，还霸占民田，御史依法审案，蓝玉直接将御史逐离；又如郭英横行不法，因小事擅杀男女五人……洪武一朝，各路持券功臣或是强占官民山场、湖泊、茶园、芦荡及金银铜场铁冶，或是倚恃权豪，欺压良善，侵夺田地房产，甚至连功臣的奴仆家僮也狐假虎威，凌暴乡里，有时其他没有铁券的勋臣也横遭欺凌。可以说明朝丹书铁券制度刚刚恢复不久，就掀开了人性中最丑恶的一面。因此，朱元璋不得不下诏工部作铁榜，对持券勋臣戒以保全终始之道，而这部“铁榜”所书，正是丹书铁券权力的“但书”和抵罪的“实施细则”。持券功臣或其家人仆人有相应罪行需镌相关过错于铁券，于是丹书铁券又成了功臣的罪行书与履历表。

另一方面，丹书铁券也终究逃不过政治斗争。朱元璋晚年多有屠戮功臣之举，尤其在“胡惟庸案”后，常以“莫须有”的罪名剪除功臣，冯胜、蓝玉、傅友德等均未能幸免。尤其是处死李善长时，朱元璋竟托词天象有“星变”，依占卜结果当移除大臣，于是诛杀其一家七十余口。谷应泰在评论胡蓝党案时叹息道：“朝登盟府，夕系槛车，口血未干，爰书遂拟。”这十六个字基本能表达出明朝丹书铁券免死的功效。

丹书铁券伴随有明一朝，之后在明成祖朱棣靖难之役、明英宗朱祁镇夺门之变后又两次大规模颁赐，以封赏靖难及拥立之功；而这些后继的丹书铁券亦如洪武时期一样，难以实现其免死的承诺。纵向相比，明朝除无借铁券绥靖强藩之事，其赐券之举与唐朝并无太大差别，而自明英宗始，宦官干政日渐增多，丹书铁券的颁赐又渐渐抹上了强权色彩。终明一朝，丹书铁券可谓有“免死金牌”之名，却无“免死金牌”之实。

结语

自刘邦下令制作丹书铁券后，这一器物在历朝更迭中几经起伏，最终被岁月打上了“免死金牌”的烙印。《水浒传》中借丹书铁券烘托柴进的身世虽为虚构，但大抵符合历史逻辑。不过，历史上的丹书铁券通常徒有虚名，真要仰仗其免死往往不可靠，从这一角度而言，柴进持券却被逼上梁山的情节，更具有真实性。

丹书铁券“不堪大用”，一方面源于“人主不能废法而曲全之”，另一方面更源于丹书铁券基础的脆弱。相比于赵凤“帝王心存大信，故不必刻之金石”之语，《皇明功臣封爵考》中的评论更为犀利：“治稍下衰，而誓诰兴，信不足，有不信。夏后作誓，而民始叛。殷人作诰，而下益惑。盖自结绳而为书契，自书契而为誓诰，利害相摩，机械相直。君父而臣子也，君有不得于其臣，臣有不得于其君，天理之存者，曾不毫发，况又自誓诰而为铁券，其欲使人不叛且惑亦难矣。。”

说到底，丹书铁券名为契约，更近权术，自然非信义所能左右；至于其上的免死条款，非常之时何止不能免死，简直更如催命符。

帝王的权杖

尚方斩马剑：

兵礼律法的三重身份

“吴王夫差”青铜剑（图中中间的文物）
中国国家博物馆藏

在历史小说、戏曲、影视作品中，往往存在一件可以“上斩昏君，下斩佞臣”的神兵利器，无辜者在面对贪官污吏的欺凌时，往往能依仗它而沉冤得雪，这件武器就是尚方宝剑。在经典喜剧电影《九品芝麻官之白面包青天》中，周星驰扮演的包青天看到嫌犯有权贵撑腰立刻祭出尚方宝剑，就连在官场久经风浪的李公公也着实被吓了一跳。不过，尚方宝剑名声虽大，细想之下却经不起推敲：尚方宝剑之所以为人们所忌惮是因为它由皇帝亲赐，试问哪有皇帝会赋予别人斩杀自己的权力呢？如果“上斩昏君，下斩佞臣”只是文学夸张，那尚方宝剑的真实面孔又是怎样的呢？

《封神演义》中，元始天尊曾命南极仙翁赐予姜子牙一条“打神鞭”，凡封神榜上有名者皆可打之，而姜子牙也借此利器一路辅助周武王姬发伐纣灭商，成就了千秋伟业。《封神演义》中的怪力乱神本为虚构，鞭笞三山五岳、四海八荒众神的“打神鞭”自然更是“又向荒唐演大荒”式的文学创作。然而在中国法制史中，有一样现实存在的器物的确有着“打神鞭”一般的威力——那就是号称能“上斩昏君，下斩佞臣”的尚方宝剑。

尚方宝剑一直是古往今来的小说、戏曲、影视作品中传奇般的存在。如果说“击鼓鸣冤”只是为了让冤情直达天听，那尚方宝剑本身就代表着皇权，持此剑者可以行先斩后奏之事，很多作品中的主人公也是借助于尚方宝剑除暴安良，沉冤得雪。在文学创作的叙事中，尚方宝剑成为传统社会对抗森严等级的最后武器，尚方宝剑的持有者也成为帮助无辜百姓实现公平正义的超级英雄。

早在元朝关汉卿的杂剧《望江亭》第三折中，便出现了杨衙内向皇帝请赐“势剑金牌”以斩白士中首级的情节。此处“势剑”即尚方宝剑在戏曲中的代称，而在《望江亭》的京剧唱词中，也的确将“势剑”改成了“尚方宝剑”，并且借剧中人之口明确其“先斩后奏”的权力。无辜主人公为奸人所害，最后借尚方宝剑申冤的桥段广泛存在于传统公案小说中，并影响着后世的影视剧创作。如在1994年周星驰主演的电影《九品芝麻官之白面包青天》和2000年出品的电视剧《尚方宝剑》中，尚方宝剑分别与“上斩昏君，下斩佞臣”和“先斩后奏”之权联系在一起，并成为正直官员所试图倚仗的权威。

然而，仅从这一系列作品的架构中就能看出不合理之处：尚方宝剑源于皇帝亲授，能“先斩后奏”“下斩佞臣”皆为合理，但怎么可能“上斩昏君”？试问又有哪个皇帝能承认自己是昏君，并将斩杀自己的大权授予他人？与此相对应，戏曲、小说中关于宋朝八贤王所持凹面金锏的传说就相对合理地解释了其由来：宋太祖赵匡胤将帝位传给了其弟宋太宗赵光义，同时赐予其子赵德芳（亦有作品称“赵德昭”）凹面金锏（亦有作品称为赵光义赐），可以“上打昏君，下打谗臣”。山东梆子戏《回龙传》就有这一根极富仪式感的金锏：锏上一龙三凤一百单八孔，杀一个皇上摘一个龙，灭一个娘娘去一个凤，斩一个奸臣填一个孔。赵光义继位大统像一桩疑案，后世民间出现“八贤王”的传说有其历史基础。一朝天子一朝臣，虽然凹面金锏在历史上不可能出现，但相比于尚方宝剑“上斩昏君”的设定，显然更能逻辑自洽。

那么，历史上的尚方宝剑是否存在，如果存在到底是什么样子？所谓的“上斩昏君，下斩佞臣”和“先斩后奏”，有几分真几分假？如果尚方宝剑本不特别，那为何会在林林总总的文学作品中成为君权与正义的化身呢？

朱云：尚方斩马剑的缘起

“尚方宝剑”中的“宝”本为修饰词，所以尚方宝剑其实是尚方剑。解析尚方剑的由来，首先要从“尚方”二字开始。

尚方事实上是官职名，为少府的属官之一。少府创制于秦，汉朝时与太常、光禄、鸿胪等同列为九卿。《汉书・百官公卿表》中言“少府，秦官，掌山海池泽之税，以给共养”，此处的“共养”如颜师古所言“少府以养天子也”，当特指供养皇帝，故少府的职司主要是征课山海池泽之税，并负皇帝的衣食起居、游猎玩好等需求的供给。少府职能广泛，尚方作为少府的属官专门负责制作“御刀剑诸好器物”，蔡伦便曾兼任尚方令，并负责制作皇室用剑及各类器械，因制作精良为后世沿袭。

所谓“尚方剑”，便是由尚方督造之剑；因其御用，又有“御剑”之名。推而广之，皇帝所赐之剑，无论是为赏还是为罚，均可以视为尚方剑或御剑。御用之物，除皇帝外自然不能擅用，西汉名臣韩延寿被治罪时，其中一项重要罪名便是“铸作刀剑钩镡，放效尚方事”，可见尚方剑天然与皇权挂钩，他人擅用就是“上僭不道”。

尚方剑虽由皇室专用，但在其铸造之初并无专杀的权力，真正将尚方剑与“上斩昏君，下斩佞臣”的文化含义相连，源于《汉书・朱云传》中所载的朱云弹劾张禹一案：“（朱）云曰：‘今朝廷大臣上不能匡主，下亡以益民，皆尸位素餐……臣愿赐尚方斩马剑，断佞臣一人以厉其余。’上问：‘谁也？’对曰：‘安昌侯张禹。’上大怒，曰：‘小臣居下讪上，廷辱师傅，罪死不赦。’御史将云下，云攀殿槛，槛折。”

张禹是当朝丞相，亦是汉成帝刘骜的老师。朱云当庭弹劾张禹祸国，并向皇帝请赐尚方斩马剑以诛杀之，引得皇帝震怒，之后朱云据理力争，紧抱殿前栏杆以至于栏杆折断。朱云虽然险些丧命，但由此产生“朱云折槛”这一典故，成为万世诤臣的楷模。

此处朱云所请的尚方斩马剑正是尚方剑。至于为何中间有“斩马”二字，颜师古注曰：“斩马剑，剑利可以斩马也。”秦汉一向有以牛马试剑锋之利的传统，如《尸子》中的“水试断鹄雁，陆试断牛马，所以观良剑也”，以及《韩非子·显学》中的“水击鹄雁，陆断驹马，则臧获不疑钝利”所言皆为此类。

因尚方剑并无专杀权，故朱云请剑亦为朝臣首创，可以推出朱云是以尚方剑为喻，而在这一语境下，御用的尚方剑带有两层含义：至高皇权与公平正义。以“尚方”喻皇帝权威再自然不过，但尚方器械众多，为何独以“剑”为喻，而非刀枪斧钺等物？这就不得不考察剑本身的文化内涵。

剑，最迟在先秦时期就已经成为等级的标志。《周礼·冬官考工记》记载：“身长五其茎长，重九锊，谓之上制，上士服之；身长四其茎长，重七锊，谓之中制，中士服之；身长三其茎长，重五锊，谓之下制，下士服之。”可见春秋时期，通过不同形制的佩剑大致就能区分出上、中、下士的区别。《史记正义》中有“春秋官吏各得带剑”的记载，《史记》中也记载秦国“简公六年，令吏初带剑”“简公七年，百姓初带剑”。由此可以推出春秋时期佩剑为官吏特权，直到后来才因时代更易而拓展至百姓，剑与身份的关联不言而喻。

秦朝统一后推行“销锋镝”政策，尽收天下之兵器铸成了十二金人，佩剑再次成为官吏特权。汉高祖刘邦以三尺剑取天下，遂舍弃三代的佩玉，沿袭秦朝佩剑并有所发展，以至于孕育出“剑履上殿”制度。

依秦汉之制，“群臣侍殿上者，不得持尺寸之兵”，刘邦建国后论功封赏以萧何第一，故赐予萧何“剑履上殿，入朝不趋”之礼。在一众手无寸铁的臣僚中唯萧何可以佩剑，此等尊荣可想而知。两汉及之后的三国时期能得“剑履上殿”殊荣者寥寥，如梁冀、董卓、曹操、曹真、曹爽、司马师及诸葛恪等人，均称得上位极人臣。

剑自古与身份相关，在汉朝又经过了“剑履上殿”制度的加权，其指代意义自然非常明显。与此同时，两汉出于重威、怀柔的考虑亦有赐剑之举，如针对内臣赐予邓冯石、应奉驳犀具剑和驳犀方具剑；针对外藩赐予广陵王刘胥、匈奴单于宝剑和玉具剑。在战争时期，君主甚至会赐剑于领军大将，如刘秀曾赐彭宠以“服剑”，赐冯异以“七尺具剑”；更有甚者如卫绾有“先帝赐臣剑凡六”。可见汉朝赐剑之风不可谓不盛行。虽然此处仅仅代表了君王的恩宠而与专杀权无关，但也足以看出朱云以剑为喻的制度背景。

不过，剑与身份、君恩的勾连只能解释尚方剑的至高皇权之意，关于公平正义，剑还有另外一条文化脉络——剑自先秦始，便沾染上了浓厚的侠义色彩。春秋战国时期有冯谖弹铗、毛遂按剑逼楚之举，屈原有“带长铗之陆离兮”之叹，《史记·刺客列传》中有更多对剑的大书特书。时至汉朝，作为开国皇帝的刘邦对其“提三尺取天下”的武功津津乐道。上有所好，下必甚焉。有汉一朝武夫勃兴、轻死重气，如司马相如、东方朔等名臣文豪少时均学过击剑之术，剑与侠的联系，自然而然体现到了朝堂之上。

从这几个角度出发，就不难理解朱云为何在没有制度先例的情况下会请赐尚方剑行专杀之事。对于皇帝而言，尚方剑代表了至高无上的身份；对于丞相及太子师而言，尚方剑又代表了“力折公侯”的侠气。这两者混合形成的文化内涵成为朱云请赐尚方剑的逻辑起点，也让朱云有了试图在森严的官秩等级下撕出一个缺口的勇气。

朱云弹劾张禹并未成功，但朱云折槛和尚方剑的典故却流传于世，成为后世尚方剑制度遥远的起源。

专杀：将在外，君命有所不受

“剑履上殿”制度虽然日渐消亡，但佩剑制度在汉朝之后得以保留和发展。《晋书·舆服志》载：“汉制，自天子至于百官，无不佩剑，其后惟朝带剑。晋世始代之以木，贵者犹用玉首，贱者亦用蚌、金银、玳瑁为雕饰。”可见晋朝因袭了汉制，同时通过玉、蚌、金银、玳瑁等材质的不同区分持有者的贵贱。

隋朝舆服制度进一步细化，出现了依官员品级分别佩带玉具剑、金装剑、银装剑、象剑的规定。唐朝依然如此，岑参《奉和中书舍人贾至早朝大明宫》诗云：“鸡鸣紫陌曙光寒，莺啭皇州春色阑。金阙晓钟开万户，玉阶仙仗拥千官。花迎剑佩星初落，柳拂旌旗露未干。独有凤凰池上客，阳春一曲和皆难。”这里的“花迎剑佩星初落”一句，将唐朝朝堂之上的剑佩锵锵描绘得淋漓尽致。

与此同时，尚方剑的典故也开始为臣工所引用。《晋书·段灼传》中载段灼上疏提及“朱云抗节求尚方斩马剑，欲以斩禹，以戒其余，可谓忠矣”；狄仁杰与张光辅争执时直接说出“如得尚方斩马剑加于君颈，虽死如归”的犀利言辞；王翰《飞燕篇》中言“古来贤圣叹狐裘，一国荒淫万国羞。安得上方断马剑，斩取朱门公子头”，尚方斩马剑已经成为这位边塞诗人心中明晰的意象。

由此可见，尚方剑制度虽然未在律法意义上建立，但在士大夫心中，文化意义上的尚方剑形象已经随着朱云折槛的典故成型。同时也应当看到，晋人段灼的引典以朱云为主，进而提及尚方剑；而至狄仁杰、王翰时期，尚方剑已经能够脱离朱云单独成典，这在尚方剑文化流变中是个不小的进步。

与汉朝相仿，以武立国的唐朝同样也有赐剑制度，且这一制度相较于前者颇有耐人寻味之处。《旧唐书·裴度传》中载："上欲尽诛元济旧将，封二剑以授梁守谦，使往蔡州。度回至郾城遇之，乃复与守谦入蔡州，量罪加刑，不尽如诏。守谦固以诏止，度先以疏陈，乃径赴阙下。"此则故事中，梁守谦被皇帝授予尚方剑，同时也拥有了"尽诛元济旧将"的权力。那是不是意味着唐朝的尚方剑至少有了"下斩佞臣"的专杀权呢？

并非如此。"专杀"之权，主要在"专"而不在"杀"。梁守谦在授剑之后，只有"杀"权而无"不杀"之权，所以当裴度未以死刑处置元济旧将时，梁守谦认为"不尽如诏"并"固以诏止"。可见，此处梁守谦完全没有任何便宜从事的决策权，他手中的尚方剑与专杀权并无关系。

直到宋朝，尚方剑终于在一定范围内与便宜从事的专杀权有了联系。北宋曾公亮和丁度所著的《武经总要》中载："本朝之制，大将每出讨皆给御剑自随，有犯令者听其专杀。"《宋史·李重贵传》中亦有实例："以重贵为麟府州浊轮寨路都部署……太宗善之，出御剑以赐，又累遣使抚劳。”可见依宋制，将领出征前有赐尚方剑这一制度，且执尚方剑者拥有专杀权。《宋史·田敏传》中更进一步明确了尚方剑与便宜从事权之间的关系：“敏自鱼台北悉驱南徙，凡七百余户，送定州。迁北平寨总管，赐御剑，听以便宜从事。”

《武经总要》虽指出“有犯令者听其专杀”，但这一专杀权应当有所限制。北宋庆历年间，权御史中丞贾昌朝上备边六事，提及“驭将帅”时，举曹彬、李汉琼讨江南为例，言：“太祖召彬至前，立汉琼等于后，授以剑曰：‘副将以下，不用命者得专戮之。’”贾昌朝所推的“便宜从事”，仅指偏将、裨将有不听令者以军法论，这与“副将以下，不用命者得专戮之”相符，也就是说，宋朝的尚方剑专杀权有限，仅在战时针对副将以下低阶军官有效。

与两宋相对，辽、金两朝及之后的元朝亦效仿宋制建立了赐剑专杀之制。《辽史》中有“复遣东京留守耶律抹只以大军继进，赐剑专杀”“仁先为西北路招讨使，赐鹰纽印及剑。上谕曰‘卿去朝廷远，每俟奏行，恐失机会，可便宜从事’”的记载；《金史》中有“上将御船，赐白撒剑，得便宜从事决东平之策”的记载；《元史》中的记载更具情节性：“面赐锦衣、玉带，弘范不受，以剑甲为请。帝出武库剑甲，听其自择，且谕之曰：‘剑，汝之副也，不用令者，以此处之。’”

从赐剑专杀的角度来看，宋、辽、金、元诸朝之制的确相似；但从尚方剑的角度来看又是另一番景象。自秦朝以降，汉人王朝均以皇帝所用御剑为尚方剑，所以可以默认皇帝赐剑均为尚方剑；而辽、金、元作为少数民族王朝则不宜如此定义。至于元朝张弘范“以剑甲为请”之后，皇帝直接“出武库剑甲，听其自择”，此处的剑虽然有专杀权，但绝不适合归类为尚方剑。而且，纵然是两宋时期皇帝所赐、持有将领在军中享有专杀权的尚方剑，也与文化层面中的尚方剑截然不同。

李重贵、田敏、曹彬、李汉琼诸将所持的尚方剑，解决的是将领在作战时远离朝廷，若事事奏请会贻误战机的问题，是“将在外，君命有所不受”的“兵法之剑”。而自朱云以后历代臣工尤其是文臣所请的尚方剑，是为斩奸除恶以正朝纲的“律法之剑”。虽然两者均为尚方剑，但宋人却区分得非常明白：南宋淳祐十年（1250年）太学生刘黻上书所言的“异时虽借尚方剑以砺其首，尚何救于国事之万一哉”，以及开庆元年（1259年）国子监主簿徐宗仁所言的“至有欲借尚方剑为陛下除恶”中所提的尚方剑，均是朱云请赐以诛重臣的“律法之剑”，与战场上将领赖以专杀的尚方剑截然不同。

为什么在宋人心里，尚方剑的意义会有如此明显的不同呢？因为在宋朝，作为将领专杀权代表的尚方剑其实有另一个渊源，那就是节钺。《礼记·王制》言：“赐鈇钺然后杀。”隋唐之前，将领在军中行使专杀权的器物一直是节与钺，节钺制度历经汉晋至南朝时已经非常完善，沈约《宋书》中言，“使持节为上，持节次之，假节为下。使持节得杀二千石以下；持节杀无官位人，若军事得与使持节同；假节唯军事得杀犯军令者”，同时“假黄钺，则专戮节将”，可见宋朝的尚方剑完全是节钺的再现。

节钺制度于隋唐时期日渐式微，赵匡胤通过兵变立国，惩节将割据之弊，将之前的节钺架空。然而从军事角度来看，将领的专杀权与便宜从事权又有其必然性，于是尚方剑就成了节钺的替代品。

那为什么节钺的“重任”落到了剑身上呢？这也是历史的偶然。宋朝之初有带御器械之职，《宋史·职官志》载：“宋初，选三班以上武干亲信者佩櫜鞬、御剑，或以内臣为之，止名‘御带’。”由此可见，带御器械者均为亲信内臣，而这一部分人又与带兵将领高度重叠，于是将领假借禁近之名，实为军旅之重而带御器械出征的情况也逐渐增多。在节钺空缺的情况下，宋朝皇帝以御剑作为替代，也便顺理成章了。

由此，尚方剑在两宋已经完全孕育出了两张面孔：从文化层面来看，它是朝臣心中借皇帝之威以整顿吏治、严明律法的精神寄托；从历史层面来看，它是将领树立军威、便宜从事的实在器物。宋朝还没有孕育出真正的尚方剑制度，但已经为尚方剑制度的诞生做好了准备。

明亡：昙花一现的尚方剑制度

宋元易代之后，尚方剑迎来了一个特别的出场。元朝初年，道教领袖张留孙深得元世祖忽必烈器重，又兼以道法治愈皇后疾病，遂下诏尚方作玉具剑，并刻“大元皇帝赐张上卿佩之”十字。

忽必烈赐予张留孙的玉具剑是名副其实的尚方剑，与张弘范“以剑甲为请”而后自择的专杀之剑完全不同。不过，虽然张留孙所持尚方剑与天师的尊贵地位相联系，且有隆重的授剑仪式，但这一柄尚方剑仅为地位象征而无实权，其制与汉朝赐剑相似，可谓“礼法之剑”，与朱云所请的尚方剑相去甚远。

从另一个角度来看，元朝对于将领专杀权的授予相对小心，至元七年（1270年），四川、陕西发生叛乱，朝议中大臣多请皇帝下放专戮之权，依靠重刑以儆效尤。这时，翰林学士、侍御史高鸣上奏云：“制令天下上死囚，必待论报，所以重用刑、惜民生也。今从其请，是开天下擅杀之路，害仁政甚大。”而忽必烈也最终没有授予将领专杀权。结合张弘范“以剑甲为请”时“帝出武库剑甲，听其自择”的随意性来论，元朝军中的尚方剑不能与两宋时相提并论。

时至元朝，尚方剑虽然已经有了“兵法之剑”“律法之剑”“礼法之剑”三重身份，但毕竟没有真正建立尚方剑制度。至明朝，尚方剑制度终于成形，但尚方剑的身份并没有得到真正的改变。

《明史》中尚方剑始见于“万历三大征”之一的宁夏之役。万历二十年（1592年），宁夏哱拜叛乱，明神宗朱翊钧采用尚书石星进言，赐予总督陕西、延、宁、甘肃军务魏学曾尚方剑督战。魏学曾获授剑后有惑于招抚之失，朱翊钧又以甘肃巡抚叶梦熊代替魏学曾，同样赐予尚方剑。叶梦熊持尚方剑督战后很快尽诛拜党及降人二千，哱拜之子被绑赴京师。自此之后，明廷赐尚方剑之举便频繁起来。

明朝赐剑多与战争尤其是辽东战事紧密相连，如李化龙、杨镐、熊廷弼、袁应泰、孙承宗、马世龙等人受赐尚方剑。崇祯年间，明朝已然风雨飘摇，明思宗朱由检在内忧外患之中，尤为重视尚方剑的授予，也因此在贵州、川陕、辽东等处的战场上，几乎都有尚方剑的身影。在崇祯一朝，赐尚方剑的制度日渐完善，持尚方剑的将领如有升迁之事，还可能引发再赐、三赐之礼，如卢象升竟蒙三赐尚方剑。

然而，尚方剑制度完善的过程也是其瓦解的过程。关于尚方剑的故事，最著名的莫过于袁崇焕斩杀毛文龙之案。崇祯元年（1628年），袁崇焕督师蓟辽，兼督登、莱、天津军务，朱由检赐尚方剑，授予便宜行事之权，并设酒馔以壮其威。至辽东后不久，袁崇焕便因东江总兵毛文龙违令而将其斩首。

袁崇焕斩杀毛文龙，是明朝自万历年间尚方剑制度确立以降最特殊的一个案例。正如宋朝尚方剑只能专杀副将以下不用命者，明朝对尚方剑的专杀权也有明确的限制，如《明史·杨嗣昌传》中载："巡抚不用命，立解其兵柄，简一监司代之。总兵不用命，立夺其帅印，简一副将代之。监司、副将以下，悉以尚方剑从事。"《明史·杨镐传》中同样写道："诏赐镐尚方剑，得斩总兵以下官。"

可见，明朝尚方剑的专杀权适用于总兵以下，而毛文龙早已是总兵，按诏袁崇焕只能压其帅印，而无专杀之权。更为重要的是，毛文龙本身"累加至左都督，挂将军印，赐尚方剑"，也就是说毛文龙的便宜从事权并不在袁崇焕之下，用尚方剑斩杀拥有尚方剑的将领，显然已经超出了尚方剑的授权。所以，袁崇焕斩杀毛文龙与其说是凸显了尚方剑的权威，不如说是宣告了尚方剑制度的消亡。

而到了崇祯十七年（1644年），尚方剑几乎已徒具形式。面对李自成大顺军的攻势，东阁大学士李建泰提出以其私人财产充当军饷，自率军西进平叛。此时已是明亡前最后一年，重压之下的朱由检命李建泰督师山西，加兵部尚书，赐尚方剑，便宜从事。《明史·李建泰传》中详细记载了这一次前无古人后无来者的授剑仪式："帝御正阳门楼，卫士东西列，自午门抵城外，旌旗甲仗甚设。内阁五府六部都察院掌印官及京营文武大臣侍立，鸿胪赞礼，御史纠仪。建泰前致辞，帝奖劳有加，赐之宴。御席居中，诸臣陪侍。酒七行，帝手金卮亲酌建泰者三，即以赐之，乃出手敕曰‘代朕亲征’。宴毕，内臣为披红簪花，用鼓乐导尚方剑而出。建泰顿首谢，且辞行，帝目送之。”

这一次授剑与其说是为李建泰饯行，不如说是为明朝祭奠。麾下只有五百人的李建泰持尚方剑“西征”，很快就“家赀尽没，惊怛而病。日行三十里，士卒多道亡”，明朝这最后一柄尚方剑，连一兵一卒也调用不动了。明亡之后，南明朝廷继续沿用尚方剑制度，然而此时的尚方剑已随着国家的破败失去了威信。明清易代之后，清朝未承袭此制，尚方剑制度经过明朝时期的昙花一现后，悄然消失。

尚方剑制度于明朝“集于大成”，但仍有着浓厚的节钺色彩，马世龙受赐尚方剑时拜行受钺礼，李建泰受赐尚方剑后邵宗元称其“仗钺西征”，均可作为佐证。由此而言，明朝的尚方剑依然是“兵法之剑”，而非朱云所请的“律法之剑”。但这种文化层面上的尚方剑依然在明朝臣工的言论中频频出现，如刘基《赠周宗道六十四韵》中有“先封尚方剑，按法诛奸赃”之句，张差梃击案中，何士晋亦有“借剑尚方，请自臣始”之语。何士晋是万历二十六年（1598年）进士，其时已距宁夏之役多年，何士晋仍然能说出“借剑尚方，请自臣始”八个字，可见魏学曾、叶梦熊所授的尚方剑，并不是其心中所思的尚方剑。

结语

尚方剑自秦汉始，至宋元成制，至明朝完善，最终在清朝终结。在其千余年的发展流变中，一直有着“兵法之剑”“律法之剑”“礼法之剑”的三重身份，而这三重身份从来没有融为一体。广泛而论，尚方剑能代表皇帝权威，有部分专杀或者说是先斩后奏之权，但这些权力都非常有限，甚至是在尚方剑最为盛行的明朝崇祯年间，御史詹尔选也认为赐尚方剑一事“未蒙皇上大处分，与未赐何异”。与此相对应的是，三授尚方剑的卢象升“示尝戮一偏裨”，兵部侍郎张凤翼“以畏法死”，总督蔡复一持尚方剑却“节制不行于境外”。使用尚方剑尚有如此多的掣肘，若想以其“上斩昏君，下斩佞臣”，更是痴人说梦。

小说、戏曲、影视作品中的尚方宝剑，与朱云以降历朝臣子诗文、奏章中的尚方剑一样，从未真正地存在过；而历史上真正存在的尚方剑，实在是一言难尽。值得一提的是，电影《九品芝麻官之白面包青天》中提及主人翁的尚方宝剑为前朝崇祯皇帝所赐，而剧中李公公直言“大清开国以来，从没听说过有什么尚方宝剑”，倒也与历史相契了。

帝王的权杖

节钺的面孔：
君权与军权的博弈

“亚启”青铜钺
中国国家博物馆藏

历史学家在论述三国时期关羽在刘备集团中的超然地位时，往往会提到一个细节：刘备称汉中王时，授张飞、马超假节，唯独授关羽假节钺。节钺是什么？如果汉末的诸侯借它来区分武将身份的高低，那是不是能把节钺当作古代的“军衔”？如果你带着这个疑问去查阅古籍，可能会更加迷惑。节在很多场合都出现过，如秦子婴归降时“封皇帝玺符节”，苏武被困匈奴时仗汉节牧羊，唐朝则将大量节赐予手握重兵的节度使，但节似乎每一次出现时都有着不同的功用；而钺则代表了“专杀不请”的权力。这是不是意味着比众将多了一个钺的关羽可以先斩后奏？节和钺的组合拳又能发挥怎样的效用呢？

作为历史悠久的文明古国，中国很多法律器物背后都隐藏着源远流长的典故逸事。这些故事相互勾连、彼此呼应，往往能组成一道通向未来的漫长阶梯，让几千年后的人们依然能够通过种种碎片与断层品味最古朴的文化传承。当人们看到法院门前雕刻的獬豸时，会想到先秦时期昙花一现的神判；当人们看到法官庭审中高高举起的法槌时，会想到曾经“官威”十足的惊堂木；甚至当人们受到冤屈时，还会情不自禁地说一声要“击鼓鸣冤”，尽管此中的“鼓”早在民国时期就已经退出历史舞台……

然而将视线放到节上，会发现它似乎有好几张不同的面孔：秦末刘邦兵不血刃下咸阳，秦子婴归降时“素车白马，系颈以组，封皇帝玺符节，降轵道旁”，在这里节似乎与玉玺一样，是王朝皇权的象征；汉武帝时，苏武以中郎将持节出使匈奴，被拘于北海边牧羊，苏武持节十余年不屈以明其志，在这里节似乎是外交的凭证，代表着苏武这位外交官最后的信念；唐朝设节度使并赐之以旌节，后以安禄山为代表的诸节度使日渐坐大以至于酿成藩镇之乱，在这里，节似乎又成了封疆大吏号令军队进而割宰天下的利器……

节究竟是什么？苏鹗所著《苏氏演义》中有“操也，瑞信也。谓持节必尽人臣之节操耳”的解释，然而从阿房宫内的末代皇帝到独霸一方的节度使，节又何以在不同的人手中呈现出如此丰富而迥异的内涵？是节的功能原本复杂，还是它在历史的变迁中被赋予了不同的含义？答案是两者兼而有之。节本身是个内涵非常丰富的器物，同时自三代以降经历秦汉隋唐，节也在不同的王朝扮演了不同的角色。这些不同的角色让节的历史变得生动起来，同时也为后世留下了众多精彩且各富特色的典故。

先秦之节：功能齐备的文书

节的历史，至少能够回溯至西周时期。最早关于节的文献记录见于《尚书·康诰》中的“惟厥正人越小臣诸节”一句，其注曰：“诸有符节之臣，若为官行文书而有符，今之印章者也。”按这一解释，节为官员行文时使用的符，相当于印章。

事实上，周节的作用远不止于印章，《周礼·地官司徒》中有对节形制、用途的详尽分类：“守邦国者用玉节，守都鄙者用角节。凡邦国之使节，山国用虎节，土国用人节，泽国用龙节，皆金也，以英荡辅之。门关用符节，货贿用玺节，道路用旌节，皆有期以反节。凡通达于天下者，必有节，以传辅之。无节者，有几则不达。”与此相应，《周礼注疏》中有言：“达天下之六节：山国用虎节，土国用人节，泽国用龙节，皆以金为之；道路用旌节，门关用符节，都鄙用管节，皆以竹为之。”

从上述文字可以看出，节是指诸侯、采邑主所派使者所用的身份凭证，在诸侯国内或采邑内通行的使者分别使用玉制的节和角制的节。由诸侯派遣晋见天子的使者，则以本国地理特征分别使用虎形节、人形节和龙形节，盖因山地多虎、平原多人、水国多龙。虎节、人节和龙节统称使节，均为铜制——春秋战国前称铜为金，“皆金也”即“皆铜也”。

此外，出入城门和关门用符节，运输货物用玺节，通行道路用旌节，相对于玉节、角节和使节，这三种节的实用性更强。周朝对以上六种节都规定了有效日期以便按期返还，在周朝，通行天下必须持有节，否则将无法通过检查。

以上诸节或囿于材质质量，或囿于勘合目的，均不会太大，否则不便于携带；唯有旌节形制较为特殊。《说文解字》释其“析羽注旄首，所以精进士卒”，《尔雅 · 释天》释为“注旄首曰旌”，郭璞又注曰“载旄于竿头，如今之幢，亦有旒”，可知旌为竿头有旄的旗状物，作为道路通行证，旌节的形制高大，比较引人注目。这一形制与日后苏武出使匈奴时所持之节相似，可见自周至汉，使节之礼已经有了相应变化。

周节种类繁多，自然也需要相应的官员进行管理、分发。《周礼·地官司徒》中有掌节一职，属于地官司徒之下，其职责为“掌守邦节而辨其用，以辅王命”；王畿内另有发放旌节的官员怀方氏，依《周礼·夏官司马》记载：“怀方氏掌来远方之民，致方贡，致远物，则送逆之，达之以节。治其委积、馆舍、饮食。”

掌节所掌守的邦节，郑玄在注中有进一步的解释：“邦节者，珍圭、牙璋、瑴圭、琬圭、琰圭也。王有命，则别其节之用，以授使者。辅王命者，执以行为信。”这里不仅明确了邦节的意义在于“辅王命者”执行上意的信物，同时也列举了邦节的材质与形制。成书于唐朝的《苏氏演义》中曾引用郑玄的另一段解释，详尽叙述了这五种邦节的区别并将其归类：

“郑玄云：邦节者有五种，用之镇圭以镇守邦国。牙璋以起军旅。牙，齿也，是兵之象。瑴圭则用和欢聘女也，上饰禾稼之象。琬圭无锋角，象文德也，以治德结好用之。剡圭有锋芒，象伤害征伐诛讨也。诸侯使大夫来聘，执以命事，故使为瑞节。凡天子诸侯之使节，尺有二寸，有金节、玉节。玉节为瑞节，行事之时所持以征召四方者也。金节者，道路所持以为信也。人、龙、虎三节，皆以金铸之。使卿大夫聘于诸侯，则乃为行道所执之信，则非行事之时瑞节也。故郑玄云：镇圭、玉节、琬圭之徒，但云使者之瑞节，镇圭、琬圭之属是也。二者使节，龙虎人形是也。三者符节，旌节、管节是也。夫云道路用旌节，关门用符节，都鄙用管节，皆以竹为之。商由市者，即司市者与符节。古者买符之关，终军弃繻，皆节之类也。”

总体而言，周节用途多样且呈现出制度化的倾向，不同的节分别包含了君权、外交与行政审查倾向。不过，三代时期各诸侯国独立性较强，君权尚未能与秦后相比，使节一类更多带有象征意义，用于道路、关门、都鄙、货贿的竹节反而更具实用意义，这种功能上的区别，也为日后节的演变埋下了伏笔。

汉晋之节：日渐衰微的君权

节的演进史，在秦朝统一后发生了明显的转折。秦朝是中国历史上第一个官方使用“五德终始说”的王朝，因正水德，水尚黑色，故《史记·秦始皇本纪》中记载秦朝“衣服旄旌节旗皆上黑”。

通过多方史料可以看出，节在秦后已经失去了周朝时尚具备的行政审查功能，转而特指周节中的旌节。郑玄在《周礼·地官司徒》中对“道路用旌节”所做的注释为“今使者所拥节是也”，显然已经明确汉节即周朝的旌节。唐张守节《史记正义》云：“旄节者，编毛为之，以象竹节。”可见从形制来看，秦汉的节也保留了旌节的特征：竹竿状、竿上配旄，且有多个旄节。

周节中的旌节在秦后“一家独大”，富有鲜明地域特色的虎、人、龙三节，就此消失在岁月长河中，而符节、玺节、管节等器物则互相融入了符、传、綮、繻、过所等诸多形式，继续发挥相应的效用。西汉出入关口所用者已为传而非节，如《汉书·文帝纪》中的“除关无用传”，《史记·酷吏传》中的“诈刻传出关归家”等便是相关记载。从传的使用方式来看，与节亦有继承的可能。至晚在战国时期，已经出现了通过“合节”判定节真伪的方法，如南唐徐锴所撰《说文系传》中言：“守国者，其节半在内，半在外。”而传的形制亦如此，《汉书·文帝纪》中同有“两行书缯帛，分持其一，出入关，合之乃得过”的描述。

通过“合节”发挥功用的还有一种重要器物：兵符。春秋战国时期，兵符作为征调兵将的凭证出现，其形如虎，故又被称为虎符。兵符于脊上刻字后剖为两部分，使用时需左右合契。兵符虽然直接与军权相关，但其基础依然是君权，这一点与节有相通之处：战国时期的将军平时并无调兵权，直到接到君王授权并取得兵符时才能调动军队，是故兵符相当于君主亲临。秦子婴归降时向刘邦递交了玺、符、节三器，可以看出在秦朝时三者功能不同但地位相当，而在之后的发展中，兵符与节的功能又有交错、融合之处。

下面将视线转回秦节。秦正水德，所以秦节的旄亦为黑色。汉朝德运几经转换，汉节的形制也出现了相对曲折的变化。刘邦斩白蛇起义时自称赤帝之子，其节自然为赤色；征和二年（公元前91年）发生巫蛊之祸，因太子刘据调兵时所持之节为赤色，汉武帝刘彻便在节上加黄旄以示区别。这一段历史记载于《汉书·武帝纪》中：“初，汉节纯赤，以太子持赤节，故更为黄旄加上以相别。”

汉朝建立后，朝廷对汉朝是正火德还是土德一直争论不休，这一点也投射到了汉节的形制之变上。汉废帝刘贺当政期间，将黄旄撤去；汉宣帝刘询即位后恢复为赤色，一直延续至东汉末年。董卓之乱时，袁绍奔逃冀州，离开洛阳前“横刀长揖径出，悬节于上东门”，董卓一怒之下再次将黄旄恢复为赤色，于是汉节又变成了“纯赤”的形制。

秦汉以降，节成了皇权的直接代表，故皇帝授节与官员持节的互动就成为朝廷重要的治理手段。两汉之世，持节官员主要出现在重大政治事件、重大礼仪活动及邦交国事活动中，汉武帝之后甚至出现了身穿绣衣、手持节杖和虎符的“秘密警察组织”——绣衣御史。在君权越集中、越强大的时代，节代表的权力越多，地位也就越重要。诸吕之乱中，周勃通过“矫诏持节”调兵，苏武出使匈奴宁死不肯失节，这些都是节的重要性的体现。

而由此发展的最终结果，就是东汉末年的将军假节。两汉时期虽然没有明确的授节制度，但除了车骑将军王舜等人持节迎中山王、东汉光武帝在战时拜岑彭为刺奸大将军并授节，以及大将军梁冀持节迎质桓二帝入宫的个例，将军是不得持节的。黄巾之乱后，军事形势日益严峻，为提升将军统兵作战时的地位，出现了富有“时代精神”的将军假节。假者，“权以给之，不常与”，意为本没有资格，暂且给其资格，故假节的书面意义是暂时持节。

将军假节，多与开府、仪同三司相联系，开府意味着可以建立府署并自选僚属，而仪同三司则使将军拥有了与三公同等的待遇。东汉末年国势动荡，假节的将军又渐渐掌握了统率地方州郡军队的权力——“暂时持节”的假节比持节还重要，这自然是军权渐散背景下的时代特色，而节的功能也在这一趋势中与兵符有了重叠。

隋唐之节：兵符与节的终结

东汉末年将军假节的出现，至少在权力层面重新定义了节。在秦末，节与符尚有严格区分，除秦子婴分别递交节与符外，诸如《汉书·韩信传》中“张耳、韩信未起，即其卧，夺其印符，麾召诸将易置之”的记述也体现了军权在符而不在节的制度设定。而当将军假节的情形出现后，军权在很大程度上被整合进了节。如曹操拜曹仁为征南大将军时、刘备拜张飞为右将军时、孙权拜丁奉为徐州牧时，均授以假节。

假节虽然意为暂时持节，但在官员及史学家眼中，持节、假节、使持节等称谓已然可以通用。不过，三国时代却有假节与假节钺的区分：刘备称汉中王时，授张飞、马超假节，唯独授关羽假节钺，这一方面体现了关羽在刘备集团中举足轻重的地位，另一方面也体现了假节钺重于假节。曹魏的夏侯尚、王凌在升迁中均是先假节后假节钺，更能体现这一等级进路。那么，钺又做何解释呢？

《礼记》中云“赐鈇钺然后杀”，《后汉书》中引《淮南子》云“凡命将，主亲授钺，曰：‘从此上至天，将军制之’”，同时有“钺，斧也，以黄金饰之，所以戮人”之句。可以看出钺事实上是专杀权的象征。相比于军政，钺更常用于司法程序中，如淮南王刘安谋反失败后汉武帝刘彻派吕步舒治狱，正是通过授钺赋予其“专杀不请”的权力，也就是先斩后奏。三国时期君主授予部分将领假节钺，并不仅仅是荣誉。

西晋之后，假节、假节钺两级渐渐过渡为假黄钺、使持节、持节、假节四级，且权力明确制度化。《宋书》有明确记载：“使持节为上，持节次之，假节为下。使持节得杀二千石以下；持节杀无官位人，若军事得与使持节同；假节唯军事得杀犯军令者”，而“假黄钺，则专戮节将，非人臣常器矣”。

综合而论，东汉之后的节与传统汉节的不同之处在于其与军权的紧密联系，这背后自然是皇权的弱化；而当中央集权再次加强时，节自然也将与军权渐渐脱钩。南北朝时期，南朝宋孝武帝刘骏连续下诏对节的权力进行节制；而北朝北魏的加节官员本身就没有发兵权，其征调兵将的凭证是玺印、传符、齐库刀等——这似乎又回到了秦朝玺节符各司其职的制度构建。

隋朝统一后，分裂动荡数百年的中原终于再度一统，强大的朝廷使得将军假节失去了意义。隋朝诸州的总管刺史虽然仍使持节、持节，但已有名无实。这一时期真正与军权相关的是开皇七年（587年）所颁的青龙、驺虞、朱雀、玄武四符与开皇九年（589年）所颁的木鱼符。唐朝建立后，唐高祖李渊在边地设置总管，加号使持节，这一职务相当于东汉的刺史；武德元年（618年），又改郡为州，改太守为刺史，加号持节。后来使持节演变为使持节诸军事，但事实上已经没有节的实物，转而颁铜鱼符。

虽然节在隋唐时期从实际层面已经渐渐淡出，但在观念层面依然深入人心，使持节这一称号上的“加法”依然存续下去。景云元年（710年），幽州镇守经略节度大使薛讷为左武卫大将军兼幽州都督，节度使之名渐为人所习用；次年，贺拔延嗣为凉州都督充河西节度使，节度使更成为正式的官职——虽然此时的持节已经完全是一种荣誉称号。

从秦汉至隋唐的发展历程可以看出，中央集权程度高时，节的功能收缩，而军权往往通过独立于节的兵符体现；中央集权程度低时，地方将领往往集军政大权于一身，这也使得节能够有更大的外延。隋唐初，朝廷强势，兵制以府兵制为主，军权高度集中于皇帝，将军需通过皇帝授予兵符调动府兵，兵符的重要性不言而喻。至中唐以后，朝政倾颓，府兵制过渡为募兵制，手握军权的节度使日益坐大，不奉朝命，兵符也就形同虚设。恰恰在这一时期，各地的封疆大吏以节度使为名，这与三国时期的将军假节又形成了历史性的偶合。

当然，此时对于节度使来说，无论是节还是兵符，都已然不值一提。唐末皇帝封节度使时赐双旌双节，与其说是授权，倒不如说是对既成事实无奈的追认……

结语

从周节到汉节再到唐节，节的内涵发生了极大的变化，这也使得节在不同人手中得以呈现出完全不同的面孔。周朝的节更近于一类功能齐备的文书凭证；秦朝、西汉的节开始单一化，成为君权的象征；东汉、三国、两晋时期，节因为军阀势力的兴起而融入了军权；南北朝至隋唐初，节又因为中央集权的强盛而更具象征意义；直到唐末在节度使手中日益弱化。而最具讽刺意味的莫过于后周归德军节度使赵匡胤称帝之后，中央集权制度日趋完善，无论是节还是兵符均不再具有实际意义，从某种意义上来说，节的历史正终结于节度使手中……

随着岁月的流逝，节最终通过文化为后世所传承，晚清的外交公使行使职权，尚以持节论之，这不禁让人联想到西汉时在贝加尔湖畔牧羊十余年的苏武。当然，对历史上的节来说，外交只是它众多功能中并不那么重要的一项内容罢了。

特展二　庙堂的符号

庙堂的符号

当年笏满床：

一枚礼器的三个侧影

“陋室空堂，当年笏满床；衰草枯杨，曾为歌舞场……”《红楼梦》迷一定都会对甄士隐的这篇《好了歌注》印象深刻。用歌舞场比喻“花柳繁华地，富贵温柔乡”好理解，但这个“笏”是什么，又为何能成为官职的代名词呢？其实“笏”就是大臣上殿面圣时所持的那一长条朝板，周朝时官员用这个记录君主的命令，所以“笏”最早就是一个材质坚硬的记事本——三代时期官员议事时居然人手一台“平板电脑”，这样一幅景象是不是很有穿越感？随着时间的流逝，这个记事本渐渐成为官员的象征，寻常百姓自然无缘一见。在散文名篇《项脊轩志》中，归有光的祖母就是用她祖父的象笏来劝学，做归有光的“心理建设”的：“他日汝当用之！”

《王守仁画像》（手持笏板）
拍摄于中国国家博物馆

《项脊轩志》中，有一个劝学的著名段落。

“（大母）自语曰：‘吾家读书久不效，儿之成，则可待乎？’顷之，持一象笏至，曰：‘此吾祖太常公宣德间执此以朝，他日，汝当用之！’”其文大意如下：“（祖母）自言自语地说：‘我们家的人读书老不见成效，这个孩子的功成名就，总可以期待了吧？’过了一会儿，她拿着一个象牙手板进来，说：‘这是我的祖父太常公在宣德年间拿着上朝用的，以后你一定会用到它。’”

《项脊轩志》是归有光的散文名篇，整体风格质朴平淡，字里行间却将作者对祖母、母亲、妻子的思念展现得淋漓尽致。“顷之”一句所描述的，便是归有光的祖母借祖上所用的象笏，激励归有光苦读以博取功名的场景。隋朝确立科举取士制度之后，中国古代读书人的功业与学业便捆绑到一起，归有光的祖母借祖上的功名劝学，自然不足为奇。不过，祖母所持的象笏却容易引人遐想——这个象牙手板是何物，为何竟能指代仕途？归有光仕途晚达，年过六旬方升为南京太仆寺寺丞，他能够如其祖上一样，手持象笏入朝吗？

这两个问题并不好回答，因为它们背后，隐藏着笏数千年发展史中的三个侧影。

庙堂里的朝位班序

归有光祖母所持的笏，又称笏板、手板、玉板或朝板，宽泛而言，是朝臣上殿面见君主时所持的器具。《释名》对笏的解释如下："笏，忽也。君有教命，及所启白，则书其上，备忽忘也。"从中不难看出，笏事实上是一种古老的"备忘录"。《礼记·玉藻》中对这种"备忘录"的用法和形制均有详细记录："凡有指画于君前，用笏。造受命于君前，则书于笏……笏度二尺有六寸，其中博三寸……"此处的"尺"为"周尺"，一尺约合19.7厘米，因此周朝时期的笏长约51厘米、中间宽约6厘米，也的确是便于记事的尺寸。

笏的起源已不可考。《史记·夏本纪》引郑玄注云："曶者，臣见君所秉，书思对命者也。君亦有焉，以出内政教于五官。"这里的"曶"通"笏"。史学家多认为笏至少在商朝就已出现，这一推论尚无确实的考古依据，但在纸张尚未问世的岁月，很难想象除了笏，君臣议政时还会有其他未被史书记载的记事工具。

至周朝时，关于笏的礼制已经逐渐成形。比如，周朝要求诸侯上朝需执牙笏，还规定了不同等级者需携带不同材质的笏，其中"天子球玉，诸侯以象，大夫以鱼须文竹，士竹本象可也"。从中可以看出，至少从周朝开始，笏便具有了区分等级的功用，不同的材质体现了持笏者不同的身份地位。

两汉时期，造纸工艺不断改进，笏作为记事工具的功用受到了极大冲击。然而，从周朝到秦汉，近千年的历史已经让官员习惯了笏的存在，于是笏反而在记事工具革新的冲击中焕发新生，剥离了“书其上，备忽忘”的原始功用，转而成为单纯的“朝位班序”的象征。

从《唐会要·舆服志》的记载中可以看出笏的生命力：“五品已上执象牙笏，已下执竹木笏。旧制，三品已下前挫后直，五品已上，前挫后屈。武德以来，一例上圆下方。”五品官衔，从此成为笏材质的分界线。自唐以降，官员朝服开始依品级区分不同颜色，大体为三品官以上服紫色，四品官、五品官服绯色，六品官、七品官服绿色，八品官、九品官服碧色。这一传统由两宋所承袭，而官员所持之笏也与朝服颜色相对应，服绯色公服者用象牙为笏，服绿色公服者用槐木为笏。唐宋两朝，官员出席重要场合均需携带笏，以便于礼官安排相应的位次及相互辨认。从周至宋已过去两千余年，“诸侯以象，大夫以鱼须文竹”的传统在王朝的更迭中不仅未见消退，反而越见精细。

明朝在承袭唐宋礼制的基础上，进一步对持笏之礼进行了细节性的修改，只有四品以上的官员方有资格使用象牙笏，五品以下则统一用木笏。唐朝以五品为界的传统在此上调至四品，这背后或许也有象牙越加珍贵的现实。由此归有光是否有资格手持象笏入朝的问题得到了解决：明代各寺寺丞为正六品，作为南京太仆寺寺丞的归有光恐怕只能用五品以下官员所用的木笏了。

清代明后，没有保留官员持笏面君的礼制，笏作为朝堂礼仪用具从此消失于历史之中。不过，以笏代指官员、仕途的文化传统却保留下来，满床叠笏、一门百笏等成语依然流传于世，为后人记录着笏这一器物曾经的辉煌。

法坛上的朝礼尊神

回顾二十五朝岁月，关于笏的历史却只说了一半。在中国历史上，笏不仅曾在庙堂中流转于公卿掌间，更在道教中走上法坛，成为道士仙家手中的常见法器。

与归有光祖母的笏不同，道教中的笏又称圭简、朝简、朝板、奏板等，道士朝拜时往往两手恭执，以表示对神灵的尊敬。这似乎令人费解：本应优哉游哉的道家人士，为何会钟情于笏这种具备浓厚世俗色彩的器物？这个问题背后，隐藏着整个道教发展史。

早期道教并没有持笏之礼，道教中的笏也的确源于庙堂。作为典型的多神教，道教在最初其实并不具备“阵容豪华”的神仙谱系。《太平经》以抽象方式将道家神灵分为六等，所谓“神人主天，真人主地，仙人主风雨，道人主教化吉凶，圣人主治百姓，贤人辅助圣人，理万民录也，给助六合之不足也”。《老子想尔注》则延续了老子“道常无名”的观点。然而在南北朝时期，道教的发展出现了重大转折，著名方士陶弘景编制了道教史上第一个神谱《真灵位业图》，将当时流传的五百多名天神、地祇、仙真、人鬼等根据世俗“朝位班序”分成了尊卑不同的七阶，分别以元始天尊、玄皇大道君、太极金阙帝君、太上老君等为各阶主神。

《真灵位业图》凸显了打压天师道的倾向，也并未被后世道家完全沿用，但其中“朝位班序”的概念却为后世所承袭并发扬光大。两宋以降，庙堂之路不乏“道君皇帝”，奉旨“编排三界圣位”的官员更大有人在，至南宋时期，金允中撰著《上清灵宝大法》四十五卷，列三百六十分位神仙名单，按其性质、品第分为十一品，道教神仙谱系也最终形成。

道教神仙谱系的制定离不开庙堂之力，而作为“朝位班序”象征的笏被道教所接受也就不足为奇了。但道教文献并未对笏的材质进行明确规定，唯玉笏多为神灵所用。道士持笏之礼与朝臣持笏相同，均是两手握持笏板下沿，置于胸前，而令两肘自然垂下——官员如此自然是以示对君主的尊重，以彰显龙威；道士如此则能预防口中秽气冲犯香炉烟气，以免冒犯天颜。同时，双手持笏也可以规范道士仪态，让道众在朝礼尊神时维持虔敬之心。

除了作为礼器，笏也演化成为道教常见的法器。有些道士会在笏上刻上符箓咒语、北斗七星等符号作法，这些笏与桃木剑、如意、天蓬尺等法器一样，成为古人驱邪厌胜的利器。当然，笏不仅被凡间的道士所用，仙班之中，也不乏神灵持笏，最著名的莫过于曹国舅和钟馗。

曹国舅本是宋仁宗赵祯的大国舅，由钟离权、吕洞宾共同度化成仙，出身于皇亲国戚的曹国舅成仙后依然身着冠袍玉带、手持玉笏；而钟馗在民间传说中“获贡士首状元不及”，其执笏迎福的形象，到底还是与庙堂有几分瓜葛。

书本中的逸闻趣事

如果说庙堂与法坛分别呈现出笏在发展中的两个侧影，那在文化层面，更多的逸闻趣事呈现出笏的第三个侧影。

中国古代四大名著中均或直接或间接地出现了笏的身影。《红楼梦》第一回，甄士隐所作《好了歌注》首句便是“陋室空堂，当年笏满床”。“当年笏满床”取典于《旧唐书·崔义元传》：“开元中，神庆子琳等皆至大官，群从数十人，趋奏省闼。每岁时家宴，组佩辉映，以一榻置笏，重叠于其上。”曹雪芹借此明喻贾王史薛四大家族的鼎盛与衰败，笏与诗中的纱帽、紫蟒一道成了官位仕途的代名词。跳出《红楼梦》的内容，《红楼梦》批评家除脂砚斋外便是畸笏叟——这三个字也让人怀疑其是不是明朝遗臣，故而在清朝以“畸笏”自嘲。

《水浒传》和《西游记》中的笏则有着浓浓的宗教色彩。《水浒传》第四十二回“还道村受三卷天书　宋公明遇九天玄女”中，宋江抬头舒眼望见九天玄女，玄女两旁的青衣女童便是“持笏捧圭”。《西游记》中，酆都判官崔珪、昴日星官、地府的各阴君均持笏。两书背后的道教传统，不言而喻。

《三国演义》中没有出现笏，但在曹操受九锡中出现了圭。对于圭，《说文解字》记：“剡上为圭，半圭为璋。”圭是一种上部尖锐下端平直的片状玉器，始见于商而盛行于周是朝觐时标明等级身份的重要器物。圭的功用与笏完全吻合，形制也相似，故在后世圭与玉笏经常混淆。帝王所用玉笏应为珽，《说文解字》中有释：“珽，大圭，长三尺。”《礼记·玉藻》中亦有言：“天子搢珽，方正于天下也。”《礼记正义》注曰：“此亦笏也。谓之珽，珽之言珽然无所屈也。或谓之大圭……”故而珽、大圭、玉笏可视为同一器物，如此说来，四大名著中可谓书书有笏了。

虽然有帝王所用的玉笏，但宽泛而言，笏依然是朝臣面君时所持的礼器，其中所包含的不是南面而王而是为人臣子之意。三国钟会在《与吴主书》中有“执笏之心，载在名策”之语，执笏便是称臣之意。

然而，在中国译者翻译西方文学作品时，笏往往成为君权的象征。比如拜伦的《海盗生涯》中译本中有这样一句："量一量我们的版图，看一看我们的家乡，这全是我们的帝国，它的权力到处通行，我们的旗帜就是王笏，谁碰到都得服从。(Survey our empire, and behold our home！ These are our realms, no limits to their sway—Our flag the sceptre all who meet obey.)"又如已经被废除的正义王笏座（Sceptrum et Manus Iustitiae）和勃兰登王笏座（Sceptrum Brandenburgicum）。其中的"sceptre"和"Sceptrum"更宜译为"权杖"，也可以译为相对古韵的"珽"，而"王笏"一词则没有出处。

更为出名的例子见于吴永泉译的《回忆苏格拉底》(色诺芬著)，其中有一句苏格拉底评价雅典政权的名言："君王和统治者并不是那些拥大权、执王笏的人，也不是那些由群众选举出来的人，也不是那些中了签的人，也不是那些用暴力或者凭欺骗手法取得政权的人，而是那些懂得统治的人。"同样，此处王笏的"真正面貌"也是珽。

这些译文中所体现的或许正是笏字在不同历史语境下文化内涵的演变。当钟会写出"执笏之心"时，笏无疑是臣子的代名词；而当吴永泉使用"王笏"一词时，笏背后又添了君王的尊贵。其中的文化演变，是不是因为笏于清朝建立后消失，以至于后人对其印象日渐模糊呢?

结语

从庙堂到法坛再到书本，从历史到宗教再到文化，笏的面孔事实上从未改变。笏是中国古代官员身份等级的重要标志，其材质通过历代王朝的律法加以明确。笏最终陨落于清朝，从历史的视角来看，曹雪芹写的“当年笏满床”也正是笏本身发展史的缩影。

道教中的笏、古典文学名著中的笏、西方译著中的笏，无论其含义有着多大程度上的变形，其背后依然隐隐有庙堂“朝位班序”的意味。虽然世间可能不再有“持一象笏至”的祖母，但“则可待乎”的功名故事永远不会完结。

延伸阅读

《红楼梦》最重要的评点者有两位：一位是大名鼎鼎的脂砚斋，其批语在红学界被称为“脂评”或“脂批”；另一位就是畸笏叟。与脂砚斋一样，畸笏叟的身世成谜，但不少红学家认为其应为明朝遗臣，在批点《红楼梦》时已是清朝官员，其原因便在于“畸”与“笏”二字有着几近于直白的指向性。

庙堂的符号

官帽的潮流：

冠冕、幞头与乌纱帽

《甲申十同年图》（局部）
故宫博物院藏

在中国民俗里，有两顶特别的帽子：一顶是不能戴的“绿帽子”，另一顶是不好戴的“乌纱帽”。“绿帽子”的来历众说纷纭，但“乌纱帽”的渊源却非常清晰，因为古时的官帽的确是这种样式。中国自古号称“衣冠上国”，依周制男子二十岁行冠礼，这里的冠礼就是成年礼，佩冠意味着成为被社会认可的成年人，用现在的“法言法语”来讲，就是“完全民事行为能力人”。民间如此，朝廷对官帽的规定自然更加严格，不同款式的官帽对应不同的等级，是万万不能僭越的。用官帽代指官职顺理成章，但乌纱帽毕竟是在明朝才真正成为“官方标配”的，在这之前，官员们都戴什么帽子呢？“乌纱帽”又是怎样突出重围，成为庙堂“流行色”的？

中国有句俗谚云："穿衣戴帽，各有一好。"用来形容人各有各的喜好与追求。不过在古代中国，戴帽从来都不是一件轻松的事。正如《礼记·冠义》中所说的"故曰'冠者礼之始也'，是故古者圣王重冠"那样，帽子几乎在其诞生之始就成了服饰礼制的重要组成部分，其形制也自然与社会习俗和身份等级挂钩，绝由不得人随意穿戴。这似乎不难理解，若非如此，乌纱帽又怎会成为官员的代称呢？

不过相比于传承千年的官制，乌纱帽还显得非常年轻——在它之前，承载着相关文化内涵的是冠。在《礼记·王制》中，"冠礼"为六礼之始。所谓"男子二十，冠而字"，意为男性到了二十岁，就应当举行"冠礼"并取字，以表示其人已经成年，要开始担负起新的社会责任。以"冠礼"为成人礼有着深刻的文化寓意。西汉刘向在《说苑》中写道："冠者，所以别成人也。修德束躬，以自申饬，所以检其邪心，守其正意也。君子始冠必祝，成礼加冠，以厉其心，故君子成人必冠带以行事，弃幼少嬉戏惰慢之心。"《淮南子·人间训》有言："冠履之于人也，寒不能暖，风不能障，暴不能蔽也，然而冠冠履履者，其所自托者然也。"一顶"寒不能暖，风不能障，暴不能蔽"的帽子，却能被时人赋予"检其邪心，守其正意"的内涵，由此也可以看出在传统中华文化中，帽子的社会意义早已超出其实用功能，而成为身份地位乃至道德精神的指代物。

既然帽子在传统视野下背负着如此严肃的议题，那么自秦汉以降历代王朝在礼仪典制方面均对戴帽一事进行详细规定便不足为奇了。尊卑不同者所戴的帽子自然不同，凭自己喜欢胡乱穿戴的行为很可能触犯刑律。

《汉书》中记载了这样一则故事："昭帝时，昌邑王贺遣中大夫之长安，多治仄注冠，以赐大臣，又以冠奴。"其中讲到昌邑王刘贺赐给其奴仆以仄注冠。仄注冠即法冠，依汉制为御史、廷尉所戴，这位昌邑王"以冠奴"的行为自然有违朝廷礼制，被评为"无故好作非常之冠，暴尊象也"。那这位"暴尊象"的昌邑王下场如何呢？这位昌邑王刘贺，就是大名鼎鼎的汉废帝、海昏侯刘贺，历史上在位时间最短的皇帝，最后在凄凉中死去。虽然其下场未必与其"作非常之冠"的"暴行"有关，但《汉书》中的评价却能清晰地表现出戴帽一事在汉朝人心中多么严肃。

汉朝官员的舆服大多以"冠"为名，那官员的代名词为什么会渐渐演化成乌纱帽呢？这背后的故事非常漫长。几千年来，名称不同、形制各异的帽子，不仅体现着不同时代的编织技艺与制造水平，更形象地反映了不同朝代的法律制度。

从冠冕到黎民

"冠礼"与刘贺冠奴的典故所指均为冠，其实帽子的外延远不止于此，只是帽子名目繁多，且不同朝代称呼多有不同，所以很难通过名称对其进行梳理。如唐朝虞世南《北堂书钞》中的衣冠部中收录冠、冕、弁、帻、缨、簪、貂、巾、帽九类，而宋朝高承所编的《事物纪原》中所记已有冠、冕、弁、簪、缨、帻、通天、貂蝉、长冠、高山、法冠、进贤、幞头、帽、席帽、大帽、帷帽、头巾、幅巾等近二十种。清朝方以智在《通雅·衣服》中言明："古分冕弁冠，然亦通称。犹汉晋来分帻巾帽，而亦通称也。"从中不难看出帽子"家族"的丰富与混乱。

所以在梳理中国古代帽子的历史时，不妨依其形制，将帽子分为冠、帽/巾两种。冠最为华丽，以质地坚硬的材料制成，其形制系缨贯笄，多用于礼服，为修饰仪表、标志官职之用。帽与巾相似，前者多以经过处理的布帛等柔软材质制成，可扣戴遮覆，多用于公服和便服；后者则更为随意，用于扎束韬发，多与便服相配。

以上区分已经能解释最常见于史书的帽子为何是冠：作为身份地位的象征，冠多为上层社会所使用，中国古代史书以上层社会为主体，冠的身影自然更为常见。自周而降，汉人一向以冠、冕为贵，东汉永平二年（59年），汉明帝刘庄下诏依《周官》《礼记》《尚书》等典籍制定舆服，其中朝服配帽分十种，分别为通天冠、远游冠、高山冠、进贤冠、法冠、武冠、却非冠、却敌冠、樊哙冠、术氏冠，均为冠。由此，"冠"与"冠冕”成为士大夫阶层及其中佼佼者的代称，如《史记·项羽本纪》中言楚人“沐猴而冠”，虽为贬义，但正扣“冠”字之华贵；而《三国志·庞统传》中，庞统被司马徽称为“南州士之冠冕”，以示其才高。

当然，相对于冠、冕，帽有着更为悠久的历史。“帽”者，“冒”也。从声训的角度来看，“帽”也是古人以纱帛“冒”其首的自然延伸。《仪礼注疏》中有“三皇时冒覆头……至黄帝则有冕”之句，更直接地点明了帽应当古老于冠。不过直到三国两晋时期，帽尚被广泛称呼为“帢”或“帞”，东晋之后“帽”这一称呼才被广泛接受。由宋至明，帽与巾的区分并不明显，如赵彦卫在《云麓漫钞》中记载了南宋由帽而巾、帽巾相混的风俗：“宣政之间，人君始巾……当时只谓之“温公帽”“伊川帽”，亦未有巾之名。”

大体而言，帽经过了一定手法的裁剪，而巾则直接扎系在头部即可。当然，平民多在发髻上裹巾，唯贵族阶层方能戴冠，从社会层面来看，巾的“草根色彩”就显得十分浓厚。先秦时期士卒裹青巾，故被称为“青头”；百姓多裹黑巾，故被称为“黔首”；甚至“黎民”中的“黎”也是指黑色，冠冕与巾的分野，贵族与百姓的分野，已然重合。

从幅巾到幞头

如果说直到魏晋时期，冠冕还是贵族的代名词，而巾则代表某种程度上的离经叛道的话，那乌纱帽又是如何登上历史舞台，成为官员的标志的呢？这要从幞头开始说起。

幞头是一种包裹头部的纱罗软巾，从其形制来看，当归于巾类。巾的流行，要从魏晋风度说起。魏晋时期，政治环境云谲波诡，士大夫阶层在重压之下投身玄学，“越名教而任自然”，弃冠施巾成了这些人表达不满的普遍做法。所谓冠冕堂皇，相对于庄严肃穆的冠，幞头的随性与方便渐渐为士大夫阶层所喜，尤其在魏晋道家思想的熏染下，幞头更成为士人的常服。在竹林七贤的经典形象中，七人或施巾，或散发，或梳髻，巾在这里成了体现士人放浪形骸的最佳饰物。

胡寅注《大学衍义补》时写道：“古者，宾、祭、丧、燕、戎事，冠各有宜。纱幞既行，诸冠尽废。”从中可以看出巾迅速取代冠的历史发展脉络，其中也未尝没有一丝“礼崩乐坏”的感叹。古之巾何时渐变成幞头已不可考，但能推出个大概：南北朝时期，北周武帝宇文邕曾对幞头的形制进行改革，并促成了幞头的流行。这一故事在《隋书·礼仪志》中有记述：“故事，用全幅皂而向后襆发，俗人谓之襆头。自周武帝裁为四脚，今通于贵贱矣。”（“幞”“襆”二字可通用）

从这一段记载可以得知，“幞头”一词是民间俗称，其原型大约是古代多为“贱人”所用的幅巾。宇文邕将其形制改革后，一时流行，从此“通于贵贱”。从古籍、壁画中找不到幅巾向幞头演变的明显轨迹，考虑到南北朝时期的民族融合背景，幞头很可能是以幅巾为底，受鲜卑帽影响而演变的产物。隋朝大业十年（614年），吏部尚书牛弘上奏建议在幞头中加衬垫，使用时扣覆在髻上，再用巾帕系裹。至唐初，经牛弘建议改制的幞头已被广泛使用，成为有唐一朝时代特色最鲜明的帽子样式。

五代时期，幞头制作工艺有所改进，硬度提升，“前为一折，平施两脚”的形制出现，这与后世乌纱帽已颇有相似之处。由唐入宋，幞头的“两脚”变得长而直。在民间传说中，因百官入朝站班时容易交头接耳谈私事，故宋朝皇帝下令于幞头后加长展翅，使官员之间有一定距离。其实在五代壁画中就已经出现了配有较短展翅的幞头，在宋朝定型的长展翅很可能承袭于五代旧制，只是宋朝通过朝廷礼制将其确定为官服。周密的《武林旧事》中甚至还有宋朝皇帝主持册封皇后大礼时“内服幞头”的记载，宋人对幞头的钟爱，由此可见一斑。

与唐朝柔软的幞头相对，宋朝最具特色的幞头为直脚幞头，上自天子下至百官均可佩戴，这一风潮穿越元朝直接影响了明朝的舆服制度。据《明史·舆服志》载：文武官员“幞头：漆纱二等，展角长一尺二寸；杂职官幞头，垂带，后复令展角，不用垂带……”

在明朝，新的官帽主角终于要登场了，那便是乌纱帽。

集大成的乌纱帽

从名称上来看，乌纱帽倒并非源于明朝。早在南北朝时期，中原就已经出现了白纱帽与乌纱帽。从《隋书·礼仪志》中“案宋、齐之间，天子宴私，多着白高帽”的记载来看，白纱帽当为天子便服。乌纱帽的历史更为久远，《宋书·五行志》中对其起源有记载：“明帝初，司徒建安王休仁统军赭圻，制乌纱帽，反抽帽裙，民间谓之‘司徒状’。”这一故事说明，早在东晋初年，司徒王休仁就发明了“乌纱帽”，民间还因此起了个“司徒状”的别称。

唐宋时期，也不乏关于“乌纱帽”的记载，如马缟《中华古今注·乌纱帽》中记载：“武德九年十一月，太宗诏曰：‘自今已后，天子服乌纱帽，百官士庶皆同服之。’”又如宋陆游有《探梅》一诗云：“但判插破乌纱帽，莫记吹落黄金船。”不过中国古代各种帽类名称多有改变，故判断明朝乌纱帽的渊源不应以名称而应以形制来论：乌纱帽的“真实身份”，应当是幞头的进阶版本，其形制之复杂、寓意之丰富，也堪称集幞头之大成。

明朝乌纱帽由前屋、后山两部分组成，前屋低，紧贴头部；后山高，以承发髻。儒家自古就有“身体发肤，受之父母，不敢毁伤，孝之始也”的训诫，汉人自古以来有蓄发传统，头顶发髻需要一定空间，乌纱帽的形制可谓审美与实用兼得。当然乌纱帽最引人注目的部分不是前屋后山，而是左右两侧伸出的展翅，又称“高蝉”。相比于宋朝幞头的长展翅，乌纱帽的展翅更为圆润厚重，外形也更为多样化。

洪武三年（1370年）定制，凡文武官常朝视事，以乌纱帽、团领衫、束带为公服。与此同时，年老退休的官员、侍奉父母的辞闲官员、尚未授官的状元和进士也允许戴乌纱帽，唯因事罢官者不得再戴。皂盖乌纱由此与官员、官场永远联系在了一起。受明朝近三百年的影响，乌纱帽经历了清朝舆服制度的中断后，依然在大众文化中有着不可磨灭的影响，成为官员的代名词。

明朝初年官员风气为“乌纱矮冠”，到了明朝中后期，乌纱冠开始越做越高，以至于“纱帽作高顶、靴作高底、舆用高杠”，有了“三高先生”的说法，一顶乌纱帽，也成了见证明朝官场习气变迁的活化石。在明人诗词、戏曲中，也不乏乌纱帽这一意象，如郑板桥《予告归里，画竹别潍县绅士民》中的名句“乌纱掷去不为官，囊橐萧萧两袖寒”，乌纱已然是官位之意；又如冯惟敏《清江引·八不用》曲中“乌纱帽，满京城日日抢，全不在贤愚上”一句，“乌纱帽”三字已然有着浓浓的衙门气了。

结语

从民间文化来看，将“乌纱帽”视为官帽并无不妥，不过从历史的角度而言，这种指代有着相当漫长的演进过程。宽泛而言，不妨将“冠”视为最古老的官帽，这一形制经魏晋风度的熏陶渐渐向幞头演化，最终经唐、宋、明三朝收束于乌纱帽。从东汉永平二年制定舆服开始，到明朝洪武年间以乌纱帽为“凡文武官常朝视事”的公服，中国历朝官服的形制虽有大变，但背后的舆服制度始终一脉相承，这种制度传承，才是乌纱帽最终变成官场代名词的真正根基。

延伸阅读

世人以乌纱帽指代官位、权势，在儒家“从道不从君”的追求下，这顶“高帽”在文人笔下自然不免沾染上或浓或淡的贬义色彩，有时甚至会成为牢盆狎客、团扇才人的代名词。从袁宏道在《虎丘记》中感叹“乌纱之横，皂隶之俗”，到郑板桥的“乌纱掷去不为官”，再到邓拓的“脱却乌纱真面目”，“乌纱”二字全无官员的励精求治，而只剩下官场的乌烟瘴气。所谓“欲戴王冠，必承其重”，这八个字对于乌纱帽本身来说也是如此吧。

庙堂的符号

文禽与武兽：

官员补服里的尊卑有序

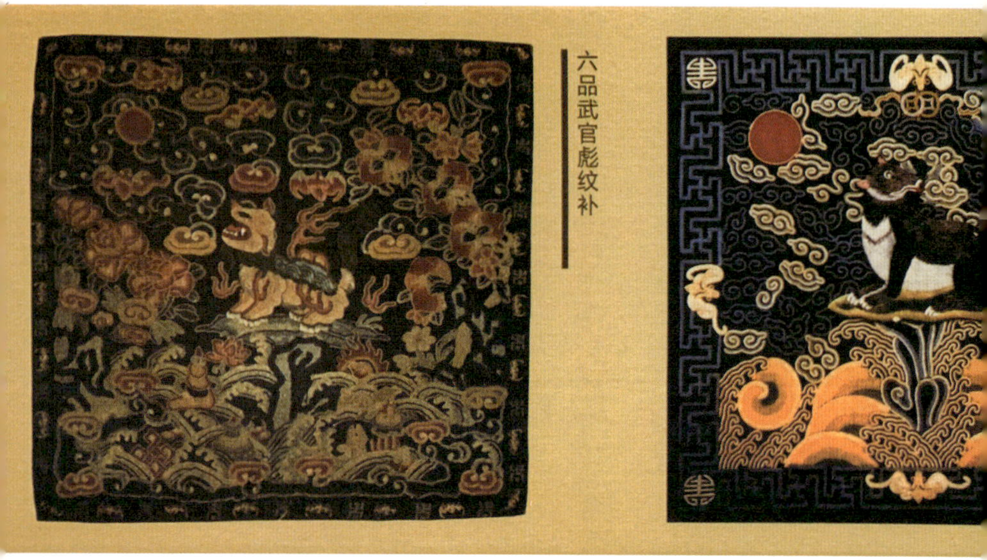

清代官员补子
清华大学艺术博物馆藏

五品武官熊纹补

毫无疑问，没有人愿意被称为“禽兽”，但有趣的是，明清两朝的官员却愿意大张旗鼓地将各类“禽兽”绣到官服上用来区分官阶。这种绣着“禽兽”纹样的布料就是补子，而缀有补子的服饰就是补服。比起官帽、花翎、鱼袋等什物，补服的视觉冲击力无疑更强，熟悉明清历史的人在历史剧中匆匆一瞥就能看出穿戴者的地位：一品仙鹤、二品锦鸡、三品孔雀……恰似将“师长”“旅长”刻在棋面的军棋棋子一般。清朝末年，朝廷衰败，卖官鬻爵现象不止，“黑市”上甚至出现了“空补”，方便捐官者按需再绣上相应的“禽兽”纹样，这算得上是中国古代“市场化”色彩最鲜明的官用物品了……

言及明清时期的官员形象，给人以最深刻印象的往往是其官服胸前那色彩斑斓的纹样。如同日本的家纹、欧洲的纹章一样，这些纹样让人远远地就能看出官员的身份，不同的是这里的身份指向官员的品级，而非其血统与家世。

在古代中国，服饰从来不仅仅是遮羞、保暖的什物那么简单。在森严的等级制度下，不同地位、不同身份的官员，其服饰在颜色、款式、材质、配饰方面均有严格规定，不得僭越。对这一切细枝末节加以规定的制度，就是冠服制度。冠服制度发展的集大成者，就是诞生于明朝的官员补服制度——明清官服胸前的纹样其实是补子，补服则是缀有补子的服饰。

然而，细究中国历代官服史，却会发现这些华丽的纹样似乎直到明朝才突然出现。那在明朝之前，朝廷君臣如何通过冠服区分地位？而明清两朝的补服，真的如空中楼阁一般，没有历史根基，直到14世纪才问世吗？

事实上，补服正式诞生于明朝没错，但其历史渊源却能追溯到更远；而用不同的花纹区分地位这一做法，本身就有着漫长的历史。

所以辨贵贱，定名分

自三代以降，服饰就是中国等级制度的直观体现。在祭祀、朝会等场合中，君与臣都身着不同形制的服饰，以达到“尊卑有别、长幼有序”的礼制要求。周朝关于祭祀礼服“六冕”的规定，是当时服饰制度的代表。

所谓“六冕”，是指周朝君臣祭祀天地、先王、山川、社稷时穿戴的礼服，分别名为大裘冕、衮冕、鷩冕、毳冕、絺冕和玄冕。“六冕”中，以大裘冕为贵，上绘十二章，为天子所专用；其他五冕则由君臣通用，分别绘有九章、七章、五章、三章、一章。

章亦可称“章纹”，指的是十二种绘绣的图案，包括日、月、星辰、山、龙、华虫、宗彝、藻、火、粉米、黼、黻，通称“十二章”。不同章数分别对应着穿戴者的不同爵位与身份，而身着大裘冕的天子，自然位于照临天下的政治金字塔顶端。

虽然大裘冕为天子所独有，但其余五冕的形制统一，故而当君臣身着同一种冕服时所用的章纹数都是一致的。对此，《读通鉴论》评价为“古之天子虽极尊也，而与公、侯、卿大夫、士受秩于天者均”。从中可以看出，在汉朝人眼中，周朝人君臣之间的等级差距还不是非常明显，其冠服制度中尚能品味出“受秩于天者均”的古朴气息。

秦朝统一后毁灭古礼，“六冕”随之被废；东汉明帝时期冕服重新被使用，章纹依然是区分等级的重要标志，如《后汉书·舆服下》所载：“乘舆备文，日月星辰十二章，三公、诸侯用山龙九章，九卿以下用华虫七章……”

由周至汉，君与臣、臣与臣之间的冕服通过章纹等装饰性图案来区分贵贱；而自秦之后，历朝对官员的朝服也开始进行规范，并于南北朝时期发展出了统一的朝服制度。隋朝统一后，关于官员的朝服品级制度越加详细，《隋书·礼仪》中载：“（百官）朝服，冠，帻，簪导，白笔，绛纱单衣，白纱内单，皂领、袖，皂襈，革带，钩艓，假带，曲领方心，绛纱蔽膝，袜，舄，绶，剑，佩。从五品已上，陪祭、朝飨、拜表，凡大事则服之六品已下，从七品已上，去剑、佩、绶，余并同。”

从中可以看出，隋朝朝服在服装形制上并无明显区别，品级地位差异主要体现在冠及剑、佩、绶等配饰上，这种区分显然没有冕服上的区分那么明显，很难达到“明等威”的目的。至唐朝武德年间，朝廷终于开始以常服的颜色来区分官员品级。

朝服、公服、常服并非同一概念，且历朝之定义、使用场合多有出入。简言之，朝服是君臣大祀、庆成、进表之服；公服为官员常朝、办公之服，因省略了朝服上许多烦琐的挂佩而有“从省服”之称；常服则为常朝视事之服。《宋史·舆服志》载：“凡朝服谓之具服，公服从省，今谓之常服。”可以大致认为公服是朝服的“简洁版”，而又常与常服相混同。以上三者虽不能混为一谈，但从历代官服等级区分的角度来看，不妨将其视为一体进行比较。

唐朝武德四年（621年）制定的常服规范成为品色服的雏形，其中皇帝着赤、黄二色，亲王及以下至文武百官、庶人部曲等分别着紫、朱、黄、绿、青、黄白色。之后唐朝品色服制度进一步系统化，并细分至每一品级：三品以上着紫色，四品着深绯，五品着浅绯，六品着深绿，七品着浅绿，八品着深青，九品着浅青，流外官及庶人着黄色。这一划分方式为宋朝所借鉴，至宋神宗时期形成了以紫、绯、绿三色分品级的品色服制度。

总体而言，从章纹到品色服，历朝君臣冠服的地位区分功能越来越明显，越来越能达到“辨贵贱，定名分”的政治目的。所以说，补服虽然直到明朝才真正出现，但绝非一蹴而就；若没有之前历代王朝在冠服制度上的种种建树，集历代冠服制度之大成的补服也不可能被孕育出来。

禽以文彩，兽以猛鸷

为更方便地区分官员地位，唐人将视线转向了颜色，而明人在继承品色服制度之余又引入了“禽兽”——这里的“禽兽”是指以禽兽为内容的服装纹饰，其中文官饰以禽，武官饰以兽。正如丘濬所著《大学衍义补》所言：“我朝定制，品官各有花样。公、侯、驸马、伯，绣麒麟白泽，不在文武之数；文武官一至九品，皆有应服花样，文官用飞鸟象其文彩也，武官用走兽象其猛鸷也。”

虽说“禽以文彩，兽以猛鸷”的解释已经足够，但以禽兽为喻指代官职，从文化角度尚可溯源。据《左传》所载，少昊时期“凤鸟氏，历正也；玄鸟氏，司分者也；伯赵氏，司至者也……”虽然少昊“以鸟名官”并非明代“以禽兽名官”的依据，但从文化符号的角度来看，文官饰禽，武官饰兽的做法倒也合乎情理。

从信史来看，最早以动物代表官员职司的现象出现于武德年间。据《中华古今注》中所载：“武德元年，高祖诏其诸卫将军，每至十月一日，皆服缺胯袄子，织成紫瑞兽袄子。左右武卫将军服豹文袄子，左右翊卫将军服瑞鹰文袄子。”至武周时期，武则天赐官员绣袍，亦效此制。《旧唐书·舆服志》记载：“延载元年五月，则天内出绯紫单罗铭襟背衫，赐文武三品已上。左右监门卫将军等饰以对师子，左右卫饰以麒麟，左右武威卫饰以对虎，左右豹韬卫饰以豹，左右鹰扬卫饰以鹰，左右玉钤卫饰以对鹘，左右金吾卫饰以对豸，诸王饰以盘龙及鹿，宰相饰以凤池，尚书饰以对雁。”

从《旧唐书》的记载来看，武周时期已经出现了依官员品级、职司分别赐予不同动物章纹绣袍的做法，这无疑为日后补服纹样的选择提供了参考。金元时期，胸背开始流行。所谓胸背，是指服装上位于前胸、后背处的纹样。元朝的胸背直接织、绣于服装上，其纹样种类众多，有云龙纹、凤穿牡丹、鹰逐兔、花间卧鹿等。不过金、元两朝的胸背多为装饰、应景，与地位品级并无直接关系。

了解了唐朝出现的以动物代指官员职司，以及金、元以降的胸背潮流，就会发现明朝出现补子一事可谓水到渠成。洪武元年（1368年），明朝制定公服时先框定颜色，并遵循唐制以紫、绯、绿、青等色系对应各品官员。洪武三年（1370年），朱元璋再次传谕，要求官员的常服用葵花胸背团领衫，而无品从者常服用团领衫，颜色不拘但不得有胸背花。可以看出，胸背已然与官员的品级产生了直接联系。而到洪武二十四年（1391年），胸背纹样与官员品级之间的联系终于制度化。

据《明史·舆服志》载，洪武二十四年定“公、侯、驸马、伯服，绣麒麟、白泽。文官一品仙鹤，二品锦鸡，三品孔雀，四品云雁，五品白鹇，六品鹭鸶，七品鸂鶒；八品九品黄鹂鹌鹑练鹊。风宪官用獬豸。武官一品二品狮子；三品四品虎豹；五品熊罴；六品七品彪；八品九品犀牛海马。”

由此，不同的禽兽纹样分别对应不同的品级，将这些禽兽纹样以补子形式织绣于服装之上时，富有明朝特色的补服就出现了。当然，这些林林总总的禽兽纹样其实只是明朝舆服制度中的一小部分，其他诸如文武百官所佩文绮、绫罗、彩绣，帽顶、帽珠等的规定不一而足，与补子一同构成了明朝官员们的绵绣服色，包括因影视剧而广为人知的锦衣卫大红蟒衣、飞鱼服和绣春刀，也只是这一舆服制度中偶然惊艳了后人的吉光片羽罢了。正因为与品级挂勾，官员所用的补子自然以上可以兼下、下不可以僭上为原则。话虽如此，哪个一品大员会在补子上绣鹌鹑练鹊呢？

明朝的中央集权远较前朝为甚，出于“古昔帝王治天下，必定制礼以辨贵贱，明等威”的政治考虑，“服色不能无异”，故而最终孕育出了精细至极的官员补服制度，这亦是历史必然。从服装缝制的角度来看，其实所有缀有补子的服装均可称为补服，甚至以补子为官员常服最重要组成部分的明朝，也同样存在一些应景补服，如端午时绣有五毒艾虎的补服、七夕时绣有牛郎织女的补服、重阳时绣有菊花的补服等。只是，明朝官员常服中的补子太过耀眼，以至后世在谈论补服时，会自然将其与朝廷官员相联系。至李自成建立大顺时，以云为品，一品一云，至九品为九云。大顺存续时间太短，这一制度是否体现到了官员常服之上难以判断，但其受明制影响却是显而易见的。

即取其文，亦何必仅沿其式

明朝官员补服制度影响的不仅仅是昙花一现的大顺，更有清朝。从朝代更迭来看，后朝对前朝制度的承袭并不奇怪，如汉承秦制、唐承隋制等。然而，清朝毕竟是东北少数民族建立的王朝，不改满洲服制是其既定国策，早在崇德二年（1637年），清太宗皇太极便训谕诸王当以骑射为业，若贸然遵循汉人风俗，不亲弓矢，将导致武备松弛，后世八旗子孙不得轻弃祖制。在皇太极眼中，从北魏、辽、金到元朝，但凡改汉衣冠者的王朝无不再世而亡。满洲服制隐约有了“绵国祚、承天佑”的政治使命。

民族习性固然重要，但完备的冠服制度亦是统治刚需，故而早在努尔哈赤时代，后金就已经部分借鉴了明朝的官员补服制度，初步规定诸贝勒着四爪蟒缎补服，都堂、总兵官、副将着麒麟补服，参将、游击着狮子补服，务御、千总着彪补服。

明朝官制重文轻武，故在官员补服的设定上，武官较文官显得草率；而在后金，补服仅限于武官，重武轻文的游牧民族印记十分明显，凸显了“润色章身，即取其文，亦何必仅沿其式”的权变思想。然而，一旦后金成为执掌天下的清朝，这一简陋的冠服制度就无法满足统治需求。

《东华录》中有一则故事，描绘了清朝在立国之初缺乏冠服制度的窘迫：顺治元年（1644年），山东巡按朱朗荣听说有三名新补任的监司均为关东旧臣，于是启奏摄政王多尔衮，认为朝廷自古以衣冠礼乐实施文教，如果不以冠服重新打理这些关东旧臣，会导致百姓将文德兴教的官员误认为统兵征战的将领，引发动荡。朱朗荣建议朝廷依官员品级制作相应冠服用于日常政务。多尔衮立刻应允，并下令依明制制定冠服制度。

毫无疑问，建立冠服制度已成当务之急，但当时战事未歇，万方多难，于是沿用明朝“纱帽圆领”的补服，自然成了权宜之计。在此之后，清廷于顺治九年（1652 年）正式颁布了《服色肩舆永例》，明确以补子纹样作为官员品级的区分标志，除却亲王、公、侯、伯外，百官的补子也明确下来。其中文官一品用仙鹤、二品用锦鸡、三品用孔雀、四品用云雁、五品用白鹇、六品用鹭鸶、七品用鸂鶒、八品用鹌鹑、九品用练鹊；武官一品二品用狮子、三品用虎、四品用豹、五品用熊、六品七品用彪、八品用犀牛、九品用海马；都察院、按察使司衙门官用獬豸。由此可以看出，顺治年间清朝的官员补服制度，几乎完全承袭明朝。

顺治之后，官员补服制度又于康熙、雍正、乾隆年间多次调整，直到乾隆二十四年（1759年）随着《皇朝礼器图式》的完成而最终定型。相较于顺治之制，乾隆年间对补服制度的修改大多针对皇室、封爵、侍卫等。大体而言，亲王、郡王、贝勒、贝子、镇国公等为圆补，其纹样依等级多为龙、蟒；文武百官为方补，纹样依旧制，少有变化。

由明至清，从仙鹤、狮子到练鹊、海马的品级指代保持了极强的稳定性。有所不同的是，明代官服是团领衫，补子是完整的一块；而清朝官服对襟，补子自然被分为两个半块，这背后又是明清两朝，或者说是汉满两族服饰文化本身的差异。

不过与明朝相比，清朝的补子区分官员品级的职能更为重大，因为明朝官服除补服纹样外，尚有颜色之分，而清朝官员补服的颜色却上下统一。清朝贵族阶级偏好蓝青色系，不同时代的补服大体包括石蓝、石青、元青等颜色。这些颜色仅从文字描述上难以区分，但从《康熙南巡图》《祭先农坛图》《马术图》等画作中可以看出，有清一朝的补服底色呈现出自蓝向青、由浅而深逐渐过渡的倾向。

底色相同，则补子纹样的差异就必须更为明显，方能使各级官员在较远距离就能辨别彼此的品级，以避免失礼情况发生。不过，囿于时代技术等因素，清朝律法只在原则上规定补子的主体纹样，各级官员的补子皆自行按照典章制度织造购买，这也导致补子成为一种“个性化定制”的标志，一千个同品级官员胸前的补子可能就会有一千种表现形式。除此之外，补子的设计和用材也自然受到时尚潮流、丝织业发展程度、政治风气等因素的影响，因此在不同的时代背景下必然呈现出不同的风貌，如雍正时期皇帝勤俭，官员的补子便改成相对廉价的藏青丝地；乾隆时期国家富强，官员补子也相对华丽奢侈；而到嘉庆时期，政治经济上困顿导致这一时期的官员补子无论是在纹样造型还是质地配色上水平都大幅下滑。清朝的官员补服，不仅仅是官员的“名片”，也成了国运的晴雨表。

结语

作为中国古代政治制度的一环，冠服制度及其细支官员补服制度也自然而然地随着清朝的灭亡而消失于历史长河中。然而在消亡之前，清朝的补服却又意外书写了一段令人唏嘘的历史。

作为品级的象征，补服缝制的逻辑应当是先有品级，再依品级缝制补子，然而晚清时期却出现了“空补”这一“奇物”。所谓空补，指的是补子中心主体纹样缺失，仅绣有日月、云蝠、江涯等背影纹样；与之对应的则是同样单独缝制的主体纹样，等需要时，再将相应的主体纹样缝制到空补之上。空补的出现与晚清时期卖官鬻爵的盛行有很大关系。国家将亡之时，清廷为了填补国库开始买卖官品，商人出一定钱款就可以捐官。对于捐官者而言，品级变动相对频繁，如果每次变动都要将整个补子换掉就显得奢侈，使用空补则只需要改变主体纹样。在“市场化”的运作下，官员补子居然成了格式化的商品，这也真称得上是清末的一个奇景了。

官员补服制度虽然直到清朝灭亡才宣告终结，但其丧钟的敲响还要更早。

从宏观角度来看，官员补服雏形出现于唐，确定于明，盛行于清，禽兽纹样的确立可以说是将古代中国等级制度的表达推向了顶峰。一件补服，不仅是政治形态的反映，更体现着一个时代的制作工艺和时尚文化，将之归为艺术品倒也不过分。

庙堂的符号

女皇的匣子：
铜匦里的盛唐直诉制度

《武后行从图》（摹本局部）
中国国家博物馆藏

作为中国历史上唯一“正统”的女皇帝，武则天可谓家喻户晓，但作为“发明家”的武则天恐怕就少有人知了。这里说的发明可不是汉字史上的奇观——“则天文字”，而是一样影响了中国司法制度数百年的法律器物：铜匦。武则天称帝后，曾命人在朝堂东西南北四面分别放置了四个颜色各异的铜匦，用来收集各类情报，这些通过铜匦递交的情报就是匦函。有些人认为这几个铜匦就是官方的“举报箱”，更是武则天一朝告密之风盛行的重要缩影。然而从法律角度来看，这还真是冤枉了武则天：第一，匦函不仅仅是“举报箱”，除用于告密外，更在于畅通言路；第二，“举报箱”也不是武则天的首创，不然你以为“诽谤木”是派什么用场的？

作为中国历史上唯一“正统”的女皇帝，武则天称得上是一位伟大的政治家。她奖励农桑，改革吏治，拔擢贤才，广开言路，开创了长达十余年的武周之治；与此同时，她还是一位“发明家”——这里说的可不是昙花一现、华而不实的则天文字，而是一样影响了中国司法制度数百年的法律器物：铜匦。

匦，就是小匣子。当然，武则天的这些小匣子并不简单，它背后代表着一整套匦函制度，正符合武则天广开言路的执政理念。那么，这些小匣子究竟有什么玄机，居然能在中国法制史中留下不可磨灭的印记？这要从武则天当政时的特殊时代背景开始说起。

打给女皇的小报告

中国古代的女皇不止一人，但能称上“正统”二字的唯有武则天。即使如此，武则天对自己执政依然显得有些底气不足，所以终其一朝都大开告密之门。为了加强耳目，武则天于垂拱二年（686年）在朝堂东、西、南、北四面分置了青、丹、白、黑色四个铜匦，以收集各路情报。

这四个铜匦具有告密的功能，但其意义远远不止告密，而更带有“申天下之冤滞，达万人之情状”的目标。对于它们的叙述，以《唐会要》最为详尽：

“置匦四枚，共为一室，列于庙堂。东方木位，主春，其色青，配仁。仁者以亭育为本，宜以青匦置之于东。有能告朕以养人及劝农之事者，可投书于青匦，名之曰‘延恩匦’。南方火位，主夏，其色赤，配信。信者风化之本，宜以丹匦置之于南。有能正谏论时政之得失者，可投书于丹匦，名之曰‘招谏匦’。西方金位，主秋，其色白，配义。义者以决断为本，宜以素匦置之于西。有欲自陈屈抑者，可投书于素匦，名之曰‘申冤匦’。北方水位，主冬，其色玄，配智。智者谋虑之本，宜以玄匦置之于北，有能告朕以谋智者，可投书于玄匦，名之曰‘通玄匦’。”

四匦的形制与命名正合阴阳五行思想，同时也凸显了武则天浓浓的个人审美与政治权威；而论其功能则不仅仅局限于告密，更有劝农之事、谏论时政之得失、自陈屈抑、告以谋智等。《资治通鉴》对四匦的解释更为简洁明了：“延恩匦”为求仕进者投之，“招谏匦”为言朝政得失者投之，“申冤匦”为有冤抑者投之，“通玄匦”为言天象灾变及军机秘计者投之。由此看来，四匦已然是各路民情政事直达天听的信息中枢。

铜匦设在光顺门内，武则天设置了专门的知匦使院，其中知匦使进行分拣，理匦使负责进一步的审阅。文书中关系重大的直接交与武则天本人，普通事务则转发到宰相或者其他的有关部门处理，再上奏武则天决断。

四匦虽然颜色各异，但其基本形制均是“以受表疏，可入不可出”，以保护投书者的隐私。从政治角度来看，匦函制度或许与武则天的“酷吏政治”相得益彰，使得告密行为越加盛行；但从法制角度来看，其的确承担了大量“通冤滞”“知民情”的职责，功效十分显著。比如名臣狄仁杰在被来俊臣诬陷谋反后，正是通过申冤匦得到了平反；著名诗人陈子昂也正是通过延恩匦进呈《谏灵驾入京书》而授麟台正字。

武则天以其独特的事迹受到后世小说家的喜爱，而在种种宫廷秘闻中，匦函制度往往沾染了浓厚的阴谋色彩。其实在唐朝，这一制度不乏支持者，如韩愈在《赠唐衢》一诗中便写道：“当今天子急贤良，匦函朝出开明光。”白居易更认为“匦使之职举，则天下之壅蔽所由通也”，对其“通壅滞”“达下情”给予了极高的评价。这四个用来向女皇打小报告的小匣子，在中国法制史中的地位，是绝对不容忽视的。

匦函的前世今生

匦函制度的确由武则天首创，但说这位女皇帝兼“发明家”是站在了前人的肩膀上也不假，因为早在唐朝之前，中国历朝就已经出现了形式各异的举报箱，从形制与功用上来看，武则天的铜匦可以看作这些举报箱的加强版。

不过举报箱诞生于哪个时代，史学界尚有争议。相对古老的说法是，中国最早的举报箱由号称“法家始祖”的李悝发明，名为“蔽竹”。公元前403年，魏文侯任李悝为相主持变法，为鼓励百姓举奸揭凶，李悝遂在偏僻的巷道中设置蔽竹。这种蔽竹是一个圆柱形的竹筒，上留小口，民众可以将写有检举内容的竹简投入其中。一旦查证确实，官府将“严律治之”。

提及蔽竹的法学论文或未列出蔽竹的出处，或认为其记载于李悝所制定的《法经》。无出处者自不足为凭，蔽竹出于《法经》之说也大有可探讨之处。据董说《七国考》中引桓谭《新论》所载，《法经》全文在南宋时就已散佚，其内容为何不为后人所知。最早提到《法经》一书的史料是三国时期的《晋书·刑法志》所引的《魏律·序》，此时距战国已经过去整整六百年。如《法经》这么重要的文献，六百年来居然不见于史书，实在不算正常。力主《法经》存在的当代学者何勤华提出“对于流传下来的文献史料，只要没有明确的证据证明其是伪造的，一般都应认可其真实性。对《法经》亦应如此”，可见也没有确凿的证据。皮之不存，毛将焉附，对于蔽竹究竟是不是存在，的确要画上一个问号。

秦朝设有公车司马令，凡吏民上章皆由其转达；汉朝又有“诣阙上书”的制度，但这些都不是秘密的检举。真正具备举报箱功能的，要数西汉宣帝时期颍川太守赵广汉发明的缿筩（“缿筩”与“缿筒“通用）。

《汉书·赵广汉传》载：“（赵广汉）教吏为缿筒，及得投书，削其主名，而托以为豪杰大姓子弟所言。其后强宗大族家家结为仇雠，奸党散落，风俗大改。吏民相告讦，广汉得以为耳目，盗贼以故不发，发又辄得。”

这一段中的疏注详细解释了缿筒的形制：“缿音，如瓶，可受投书”“筒，竹筒也，如今官受密事筒也”“缿，若今盛钱臧瓶，为小孔，可入而不可出。或缿或筒，皆为此制，而用受书，令投于其中也。筒音同”。从中可以看出，缿筒有些像储钱罐，只能往里面放东西却不能轻易取出；而赵广汉拿到这些检举材料后又“削其主名”，并伪称是豪杰大姓子弟提交的情报。有了这样的保密性，“吏民相告讦”现象的出现也就不奇怪了。

疏注中的“如今官受密事筒也”一句，是三国时期学者孟康所写，可以推断出三国时期同样有举报箱的建制。三国时期，曹魏与孙吴均在传统监察机构之外设有校事，其职能类似于明朝的厂卫，故有密事筒也不足为奇。

南朝梁时，梁武帝萧衍正式在公车府设置了具有匦函性质的谤木函和肺石函。百姓有对朝廷的批评，可投书于谤木函；有自荐、申冤的，可以投书于肺石函。从内容上来看，两函受理事务的范围比起缿筒有极大的拓展并开始分类，已经基本具备了匦函制度的形式，武则天在创设匦函时，很难说没有借鉴萧衍的经验。

唐朝灭亡后，匦函制度依然常见于五代诸国。后唐、后晋、后汉、后周，均有设匦函的记载。宋初效法唐，继续推行匦函制度，直到太平兴国九年（984年）宋太宗赵光义改匦院为登闻院，匦函才变成了检匣。检与匦形制相似、功效相同，也重在“可入不可出”，《续资治通鉴长编》载：“东延恩匦为崇仁检，南招谏匦为思谏检，西申冤匦为申明检，北通玄匦为招贤检”。可见匦与检无非变了一个名称，其实质并没有什么区别。

宋亡后，继而统治中原的是由蒙古族建立的元朝，很多制度由此中断，有宋一朝极度重视的检函制度也随之在历史舞台上消失。明清两朝依然有迎驾、密奏、叩阍等制度，但由南朝梁至南宋通行七百余年的匦函制度，却再也没有出现。

直诉制度知多少

从萧衍开始，历朝统治者设立匦与检，大多是为了“下情上通，无令壅隔”，也就是畅通言路，给下层社会一种越过逐级审理程序、将其意愿“通达天庭”的路径。故而从法律制度的角度来看，匦函制度可以视为直诉制度的一种。

所谓直诉，指的是有冤情者在案情重大、冤情无处申诉时，直接将案情陈诉于最高统治者或特定机构的诉讼制度。当然，因为中国古代民刑不分、诸法合体，直诉案件往往不限于冤案，如宋朝登闻院的受理范围囊括了“言朝政得失、公私利害、军期机密、陈乞恩赏、理雪冤滥及奇方异术、改换问资、改正过名”，几乎可以说无所不包。那么，除了匦函制度，中国古代是不是还有别的“通达天庭”的方式呢?

答案是肯定的。匦函制度滥觞于萧衍统治时期，萧衍所设二函为何分别称为“谤木函”和“肺石函”呢?因为谤木与肺石本身就是用来直诉的器物。尧在位时设“进善旌”和“诽谤木”以听取天下百姓的建议；西周时期，周王设立了路鼓和肺石，百姓鸣冤或有其他要事，可以通过击鼓或是站在肺石上三天的方式启动相应程序，这些制度都可以视为直诉制度的雏形，萧衍的函以此命名，其意图不言而喻。

萧衍的《置谤木肺石函诏》中云：“商俗甫移，遗风尚炽，下不上达，由来远矣，升中驭索，增其懔然，可于公车府谤木肺石傍，各置一函……山阿欲有横议，投谤木函……若欲自申，并可投肺石函。”谤木和肺石已解，那公车府又是什么机构呢?其实这也与直诉制度相关。

秦朝设公车司马令及公车司马丞，负责接待和安排上书或请求面见皇帝陈言的吏民。汉朝时发展出了完善的上书制度，其中最有名的案件就是“缇萦救父”。西汉文帝时期，缇萦之父犯罪当受肉刑，缇萦正是通过上书这一形式提出“妾切痛死者不可复生，而刑者不可复续，虽欲改过自新，其路莫由”，希望以“入身为官婢”的方式代父赎刑，并最终促使汉文帝废除肉刑。

魏晋南北朝时期，路鼓制度演化成登闻鼓制度，“人有穷冤则挝鼓，公车上表其奏”。隋唐时期，律法又正式规定了邀车驾制度，案情重大而不得申冤者可以在皇帝出巡之时拦车申冤，而且主司必须受理。因为这一制度，在清朝时渐渐滋生出“京控”——军民直接到京城呈控——这一特殊现象，这也是中国法制史上一道特别的风景线。

结语

包括匦函在内，历朝历代创设了林林总总的直诉形式，有其内在的必然性。通过登闻鼓、邀车驾等方式，底层社会的案件可以赢得皇帝的关注，从而避免官官相护的情形；而这一申诉渠道的存在同样起到了社会安全阀的作用，让一些社会矛盾不至于因为无处疏解而引发动荡。直诉制度因其管辖领域极广，使朝廷得以通过个案了解到更多国情民意，实现“广言纳谏，下情达上”的目的。

不过，中国自古以来便是泱泱大国，广大穷苦百姓能不远千里去投匦函、邀车驾的毕竟只是少数；反之皇帝唯一人而已，其所能照顾到的领域也着实有限。直诉制度历经二十余个朝代的发展虽然日臻成熟健全，但其功效并不乐观。

正如《汉书·刑法志》所言："天下狱二千所，其冤死者多少相覆。"法律不是万能的，如何将其效用发挥到最大，中国千年直诉制度中的经验教训，实在值得后人吸取借鉴。

延伸阅读

陈子昂最广为人知的作品大概要数《登幽州台歌》。“前不见古人，后不见来者。念天地之悠悠，独怆然而涕下”这二十二字，堪称“胸中自有万古，眼底更无一人”。《登幽州台歌》固然气势雄浑，但毕竟少了一丝烟火气。相比之下，陈子昂年轻时于延恩匦中投递的《谏灵驾入京书》，更能体现其积极入仕、直陈政见的一面。武则天有幸执政于人才辈出的盛世，她所设的铜匦也因此超越律法，得以荟萃天下名篇、四海雄文。

庙堂的符号

鸣冤登闻鼓：

天子脚下的言谏与申诉

华表

提到中国古代的官司，不少人往往会联想到“击鼓鸣冤”。布衣百姓受了冤屈，只要在衙门前击鼓，便会有“青天大老爷”出来主持公道。其实这是个误会：古代衙门门前的确大多有一面鼓，民众遇到急事击鼓，知县也理当升堂受理。不过，这只是遭遇紧急事件时采取的特殊程序，更多时候那面鼓是用于“播放”官吏“下班铃声”的工具。但“击鼓鸣冤”的确真实存在，而且是很多朝代正式的法律制度，只是这面鼓往往设在天子脚下、首善之区，鸣冤的对象则是皇帝而非一般的父母官。说得直白一些，“击鼓鸣冤”就是古代的“进京上访”。

在中国历史题材的影视剧中，一旦牵涉“官司”，往往少不了击鼓鸣冤的情节，似乎击鼓便是古代中国提起诉讼的“前置程序”。事实上，县衙前的堂鼓最早并非为鸣冤而设，而是官署发布“下班”信号的工具。红日西沉，天色将暮，衙役击鼓，县令今日便不再理事，这是古人的“朝九晚五”。

以击鼓作为“下班”的信号是古已有之的传统。比如唐朝《宫卫令》便有“闭门鼓”与“开门鼓”的规定，“闭门鼓”之后、“开门鼓”之前，是相对漫长的宵禁，若无故在此时段于城中行走，便触犯了“犯夜”的罪名。晨钟暮鼓不仅仅伴随着寺院僧人的生活，更与尘世烟火息息相关，官署以鼓声结束一天的政务，也是传统使然。

百姓提起诉讼，应当先呈上诉状而非击鼓，县令收到诉状之后再择时升堂审理。直到晚近之世，百姓遇紧急之事方可不呈诉状直接击鼓，这算是案件审理的特殊程序。晚清吴趼人在《二十年目睹之怪现状》中，有一段李壮在找到夏作人杀人证据后，飞奔到县里击鼓鸣冤的情节，这里的“杀人”便是得以启动“特殊程序”的紧急之事。中国传统法律制度“民刑不分，诸法合体”，民间诉讼无论案由大多收束于县令，若是什么邻里纷争、家长里短都能击鼓，那官署的日常工作怕是无法正常进行了。

不过击鼓的确与官员审理案件的程序息息相关。中国传统戏剧中鼓点名目繁多，老票友一听击鼓的轻重节奏便能大体猜到接下来的情节，大抵与背景音乐相似。三击升堂鼓，一句“奉王命”；四击退堂鼓，再一句“谢主隆恩”，个中自有满满的仪式感铺陈开来。影视剧中的击鼓鸣冤与传统戏剧中的鼓点，似乎也有着文化上的草蛇灰线。

县衙的堂鼓不为“鸣冤”，那击鼓鸣冤之说难道只是一种文化演绎吗？倒也不是。鸣冤鼓在历史上的确有原型，那便是登闻鼓。只是这面鼓不设在寻常县衙，而设在天子脚下；鸣冤的对象也不是县令，而是皇帝。

登闻鼓的“史前”岁月

登闻鼓最初见于《晋书》，但其雏形早在传说中的三皇五帝时期就出现了。宋代高承编撰的《事物纪原》一书解释了“登闻鼓”之名的由来：“昔尧置敢谏之鼓即其始也，用下达上而施与朝，故曰登闻。”这一点能在《汉书》中找到印证：“古之治天下，朝有进善之旌，诽谤之木，所以通治道而来谏者。”应劭注曰：“旌，幡也。尧设之五达之道，令民进善也。”综合这几段文字，可以看出尧为了方便百姓对其进行建议批评，在交通便利之地设下了“进善旌”和“诽谤木”以开通言路，这一举措便是登闻鼓的源头。

如果说旌与鼓还有所差别，到大禹时期便已出现了鼓的身影。《管子・桓公问》中说“禹立谏鼓于朝”，这里立的鼓是路鼓。《容成氏》22号简中有更详细的记载：“禹乃建鼓于廷，以为民之有讼告者鼓焉。鼓，禹必速出，冬不敢以苍辞，夏不敢以暑辞。”可见若有百姓为争讼而撞鼓，大禹便会出来办理案件，一派明君的形象也由此跃然于简上。

大禹时期的路鼓制度已经与诉讼相关，但其主要职能还是广开言路。《淮南子》中记载了大禹“五音听治”的典故：“（禹）悬钟鼓磬铎，置鞀（通鼗）……教寡人以道者击鼓，谕寡人以义者击钟，告寡人以事者振铎，语寡人以忧者击磬，有狱讼者摇鞀。”也就是说，大禹用五种乐器作为五种政务的信号，这里“击鼓”用于“教道”，而“狱讼”则是“摇鼗”。鼗，其实就是拨浪鼓。想想大禹时期百姓进言要先击鼓，提起诉讼则先要摇拨浪鼓，上古时期君主理政，也真有一派田园牧歌式的风采。

到了周朝，路鼓制度已经渐成定制，而且还出现了与之相应的肺石制度。《周礼》分别有“建路鼓于大寝之门外，而掌其政，以待达穷者与遽令”和“以肺石达穷民。凡远近茕独老幼之欲有复于上，而其长弗达者，立于肺石三日，士听其辞，以告于上，而罪其长”的记载。路鼓与肺石均为“达穷”而设，即将社会上的困穷之情上达于天子；因承载着这一精神，所以路鼓的形制不是双面鼓而是四面鼓，其寓意为“四方无所不达”。

东汉郑众云："穷谓穷冤失职，则来击此鼓，以达于王，若今时上变事击鼓矣。"在这个曾持节出使匈奴的经学家眼中，路鼓肺石是一个克服民意不通的善政。不过需要指出的是，后世学者对郑众的观点亦有微词，因为从周朝的京城建制来看，普通百姓不可能随便到达路鼓所在地，所以对于路鼓制度的效果不能过于乐观。即便如此，周朝的路鼓肺石依然是普通百姓与最高统治者的沟通渠道。

郑众除了肯定路鼓肺石制度，还提到了"若今时上变事击鼓"，也就是说，汉朝亦有击鼓之制，但所报的是"变事"主要用于传递紧急文书。其功用虽有变更，但制度本身有着切实的传承。北宋沈括在其《梦溪笔谈·器用》中谈到了路鼓肺石与登闻鼓之间的"继承"关系："原其义，乃伸冤者击之，立其下，然后士听其辞，如今之挝登闻鼓也。"虽然周朝还没有登闻鼓一说，但在宋人眼中，路鼓肺石无疑是登闻鼓的前身，因为三者蕴含的"达穷"精神是一脉相承的。

从言谏到申诉的变迁

详细论之，从尧的"进善旌""诽谤木"到大禹的"五音听治"，再到周朝的路鼓肺石乃至汉朝的"变事击鼓"，都是为了实现中下层社会与统治者沟通的比较宽泛的直诉制度。通过直诉，下层官吏、普通百姓既可以鸣冤申诉，也可以进行言谏、弹劾、检举、请愿甚至乞恩。在这里，个案的诉求倒在其次，重点是朝廷允许下层社会有一种越过逐级审理程序、将其意愿“通达天庭”的路径，以“通幽隐之情，防壅隔之患”。

如果说自尧舜禹至两汉时期，直诉中言谏者居多，申诉者较少，那为什么“鸣冤”与“击鼓”会在文化意义上日益紧密地结合在一起呢？这里就要提到登闻鼓的诞生与转型。

虽然三皇五帝时期就已经有了登闻鼓的雏形，但“登闻鼓”三字却是在《晋书》中首次出现的。泰始五年（269年），“西平人麹路伐登闻鼓，言多祆谤，有司奏弃市。帝曰：‘朕之过也。’捨而不问”。泰始为晋武帝司马炎年号，泰始五年离孙吴灭亡尚有十一年，所以登闻鼓制度最晚在三国时期就已经正式诞生了。

麹路之生平史无记载，但从其击登闻鼓之后“言多妖谤”来看，显然不是为了鸣冤；难得的是在“有司奏弃市（执行死刑）”的情况下，司马炎依然自责是“朕之过”，并没有惩治麹路，由此可以看出当时这一沟通渠道非常通畅，而且司马炎作为开国之君也有着极强的克制力。

西晋统一不久便陷入分裂，直至隋朝才重归一统。就在隋朝，登闻鼓制度开始转型：一方面，其提起的程序逐渐规范化、详细化；另一方面，其重心逐渐从言谏向申诉倾斜，也就是后世所谓的击鼓鸣冤。

《隋书·刑法志》对登闻鼓有了详细的规定："有枉屈县不理者，令以次经郡及州，至省仍不理，乃诣阙申诉。有所未惬，听挝登闻鼓，有司录状奏之。"这一段文字表明了两层含义：第一，登闻鼓制度受理的是"枉屈"之案；第二，只有当正常程序无法实施、县郡州省各级官吏均惰于行使审理权时，才能允许挝登闻鼓。通过这一规定，登闻鼓制度与言谏职能分流，成为单纯的司法补救程序。

隋朝将登闻鼓制度定位为司法补救程序，这一程序的启动应以正常司法程序无法顺利进行为前提，而非在未经县、郡、州诸官吏审理时直接适用。相对于隋朝的审慎态度，唐朝对登闻鼓的适用则更加积极。唐朝同时在东西朝堂设立了肺石与登闻鼓为鸣冤者服务，同时还严格规定了挝登闻鼓案件的程序，从监门卫奏闻开始，经尚书省左右丞、三司可直至皇帝本人。为了保证登闻鼓案件不被官员压制，《唐律疏议》中规定"主司不即受者，加罪一等"，至此，登闻鼓制度已经颇为健全。

因登闻鼓旁有武士把守，百姓最初多不敢上前，武则天当政时遂下令"不须设防"。到垂拱二年（686年），武则天进行了一项极具"仪式感"的改革：在朝堂的四方置四匦并设匦使院、知匦使、理匦使等管理，以"申天下之冤滞，达万人之情状"。具体如下：

东方为木位，配青色的延恩匦，有能告皇帝养人及劝农之事者投之；南方为火位，配赤色的招谏匦，有能正谏论时政之得失者投之；西方为金位，配白色的申冤匦，有欲自陈屈抑者投之；北方为水位，配黑色的通玄匦，有能为皇帝提供谋智者投之。

匦即匣，四匦可以说是囊括了路鼓肺石的功能，包含了献策、言谏、鸣冤等诸多层面。不过武则天的改制也并非首创，南朝梁时，梁武帝为克服“下不达上”，也曾设置过“谤木函”与“肺石函”，欲进言鸣冤者可以在公车府的谤木肺石旁留函——梁武帝、武则天所创之举，可以视为后世信访制度的滥觞。

击鼓鸣冤的文化印记

历经魏晋的成形与隋唐的发展，登闻鼓制度到了宋朝变得更加完善复杂。

北宋一方面新设了鼓司，另一方面将武则天设置的匦使院进行了大换血，“改匦院成登闻鼓院，东延恩匦为崇仁检院，南招谏匦为思谏检院，西申冤匦为申明检院，北通玄匦为招贤检院”。后鼓司、登闻院又分别改为登闻鼓院、登闻检院，登闻检院负责接受登闻鼓院应当受理而不受理的案件——其职能与后世的检察院已经非常相近。

与唐朝层层上诉的制度不同，登闻鼓院虽负责百官及百姓向皇帝上奏启事，但并不参与审理，登闻鼓案件的审理者往往是皇帝本人。同时登闻鼓院的受理范围可谓无所不包，“言朝政得失、公私利害、军期机密、陈乞恩赏、理雪冤滥及奇方异术、改换问资、改正过名”均在其中，鸣冤之事只是其中的一小部分。

与两宋相对，辽、金效仿宋制，前者设置钟院以达民冤，后改钟院为登闻鼓院；后者更全盘接受了登闻鼓院和登闻检院的建制，并规定其官员女真、汉人各一名，以化解民族矛盾。元朝同样承袭宋制，“谕中书省，议立登闻鼓”，但将焦点收拢在“冤无所诉”的案件上。

明朝立国之初便设置了登闻鼓。洪武元年（1368年）“置登闻鼓于午门外……凡民间词讼，皆须自上而下，或府州县省官及按察司官不为伸理，及有冤抑、机密重情，许击登闻鼓，监察御史随即引奏，其户婚、田土、斗殴相争、军役等项……不许击鼓”。

从这一规定来看，洪武时期的登闻鼓制度依然立足于单一的司法救助程序，而且只针对重大案件，至于户婚、田土等“细事”则归有司，不得走登闻鼓程序。有明一朝治官之法极重，宣德年间，明宣宗朱瞻基担心百姓畏惧监督登闻鼓之人而不敢击鼓鸣冤，将登闻鼓从午门搬到了长安右门，由六科给事中轮流值班，互相监督，接收击鼓申诉上奏的案件。

明朝的言官虽然品秩不高但权位颇重，上到规谏皇帝、左右言路，下到弹劾百司、按察吏治无一不可为，言谏职能从登闻鼓制度中剥离似有其深层原因。不过，朱元璋设置登闻鼓时虽意在开辟鸣冤申诉之路，但借登闻鼓制度行言谏之事者依然不绝于史，甚至出现了极为暴烈的“尸谏”。文胜为民请命，击登闻鼓进言，最终于鼓下自缢身亡；许天赐弹劾刘瑾，亦夜具登闻鼓状。这两次尸谏背后，也凸显了登闻鼓强大的政治影响力。

明清易代后，清朝承明朝旧制，于顺治年间设登闻鼓，立诸都察院；并在之后同样改设至长安右门外。清朝未有明朝时强大的言官系统，登闻鼓制度中的言谏职能终于被剥离，而紧紧收拢在针对“冤抑之事”“衙门不理”或“审断不公”的情形的鸣冤申诉中。不过此时的登闻鼓案件已不再由皇帝亲审，而是交刑部查办，登闻鼓“通达天庭”的意味已经有所削减。

登闻鼓、肺石以及匦函制度在宋朝出现了糅合的趋势，而元朝灭南宋后，又将登闻鼓制度的适用范围缩小，唯“许有冤者挝鼓以闻”。随着朝代更迭，登闻鼓制度时而包括言谏时而不包括，这一反复的趋势直到晚清时期最终归于单一的司法程序，击鼓鸣冤这一文化印记，也由此定型。

结语

登闻鼓制度综合了言谏与申诉两方面职能，经历代而有所损益，并不能单单以司法程序视之。尤其在更为古老的时代，皇帝置登闻鼓更看重其“广言纳谏，下情达上”的作用，其申诉职能因为直接违反了司法程序中级别管辖的规定，朝臣对其历来有非议之词。早在唐朝，裴谞便有此论：

“夫谏鼓谤木之设，所以达幽枉，延直言。今轻猾之人，援桴鸣鼓，始动天听，竟因纤微。若然者，安用吏理乎。”

其意大致为登闻鼓的设置原本是为了洗冤纳谏，可是现在却成了狡猾之人随意使用的工具，其所争论的也都是琐碎之事，这样要各级官吏有什么用呢？裴谞之词的背景是唐德宗时期出现了“好讼”“健讼”之风。这一风潮至明清两朝尤为明显，而包括登闻鼓在内的直诉制度，也的确在一定程度上加速了一部分“健讼”团体的诞生。这些人所为并非合情合理的利益，而是通过哄闹谎状的方式攫取超额的回报，这一点应给予客观评价。

当然，从宏观上来看，登闻鼓制度打通了普通百姓与最高统治者的沟通渠道，对于监督官员司法、减少错案冤狱均有很大的积极作用。尤其是在晚清时期，击鼓鸣冤逐渐成为普通百姓心中的文化印记，《二十年目睹之怪现状》中所描绘的情节，又何尝不是反映了历代百姓对公平正义最质朴的呼声呢？

特展三　律法的线条

律法的线条

婚书礼法志：

并不浪漫的婚姻契约论

《姑苏繁华图》（局部）
辽宁省博物馆藏

婚姻从古至今都是人生大事。古典诗词中歌颂爱情的作品极多，故而很多人在想象古代婚姻时往往会平添一丝浪漫色彩。然而，历史终究不是童话，事实上，古代中国的大多数婚姻既不是“爱情的坟墓”，也不是“爱情的结晶”，而在更大程度上体现了纲常名教的宗法要求和门当户对的现实考量。婚姻承载着“合二姓之好，上以事宗庙而下以继后世”的重担，其程序自然不能如今天这样，领一张薄薄的结婚证便大功告成。中国传统婚姻关系的确立，在漫长烦琐的六礼中还牵涉种类繁多且功能各不相同的婚书，这些远不只是“古代结婚证”的婚书少有后人想象的柔情蜜意，反而凸显了古代等级制度的壁垒森严。

婚姻自古以来便是人生大事。然而与后人眼中的“小确幸”不同，在古代中国，作为“人伦之大者”的婚姻一直承载着宗法社会下“合二姓之好，上以事宗庙而下以继后世”的政治使命，因而为历朝历代所重视，并呈现出严肃的一面。自古以来对于婚姻的解读与规定，有宣扬纲常名教之义者，如《魏书·高宗纪》中所言：“夫婚姻者，人道之始。是以夫妇之义，三纲之首；礼之重者，莫过于斯。”也有弘扬时代精神者，如1950年颁布的《中华人民共和国婚姻法》开宗明义：“废除包办强迫、男尊女卑、漠视子女利益的封建主义婚姻制度。实行男女婚姻自由、一夫一妻、男女权利平等、保护妇女和子女合法权益的新民主主义婚姻制度。”

岁月荏苒，后人很容易通过史籍的描述去勾勒婚姻制度的架构与诉求，却很难通过这些描述去还原、回味婚姻一事在古人心中的细微感知。所幸，在这些宏观的礼仪构建之下，尚有一些更为微观的物件流传下来，用相对细碎的笔触将一代代人的男婚女嫁记述得细致入微，为后世留下一幅更为清晰详尽的“婚姻礼法图”。这一物件，就是婚书。

顾名思义，婚书自然与婚姻相关，但其边界却颇难界定。古代中国并无严格意义上的“结婚证”，婚姻缔结过程中所涉及的婚书种类繁多，功能各不相同，且随着不同朝代的律法频繁变化，故只宜泛泛而论，将婚姻缔结过程中所用的文书统称为婚书。当然，从广义上来讲，婚姻解除所用的休书、放妻书等也应当归为婚书，但在“合二姓之好”的视角下，这一类婚书在宗法社会也只能被归为例外情况了。不过，仅将婚书的范围局限于“婚姻缔结过程中所用的文书”，并不会让这一文字载体变得更富人情味，因为婚书所代表的往往不是古人爱情生活中的柔情蜜意，而是壁垒森严的等级制度。

六礼：宗法制中的婚书之源

中国的传统婚姻礼仪有“三书六礼”之说。三书为六礼过程中所用各类婚书的总称，其内容指向六礼最为关注的核心要素；而六礼大体而言是指古代中国婚姻缔结所需要经历的程序。之所以要加上“大体而言”四字，是因为六礼在不同朝代有不同的表现形式，或繁复或简略，难以一概而论；同时六礼之仪也并非面向社会所有阶层，《仪礼》中论及六礼的内容载于“士昏礼”一章，可见其只通行于士大夫阶层。只是这一制度历千年而不废，故而能够在千年的岁月流转中成为中国的传统婚姻习俗的代名词。

对六礼最早且相对完备的记述见于《礼记》《仪礼》。《礼记·昏义》中明确了婚礼的“纳采、问名、纳吉、纳征、请期”等程序，而《仪礼·士昏礼》进一步对六礼的细节进行了描述，如“纳采用雁”“宾执雁，请问名，主人许”“请期用雁”等。详细而论，六礼程序主要如下：

一为纳采，又称“提亲”“执柯”“说媒”。男方父母请媒人备好礼物向女方父母求婚，以区别男女之间的“私约”。二为问名，又称“求庚”“求八字”。女方父母在纳采之后若有意结姻，男方父母则请媒人进一步询问待嫁女子的姓名、生辰等信息。双方父母在此阶段过门户帖，上书姓名、年龄、上三代名号和官职等，以确定辈分，防止近亲结婚。三为纳吉，又称“合婚”“批八字”。双方父母在此阶段过八字帖，若得到吉兆，男方父母便“复使使者往告”。四为纳征，又称“纳币”“行聘”“茶仪”，男方在纳吉之后正式送聘礼至女方父母家订婚，女方父母则以接受聘礼表示许婚。五为请期，又称“择日”。男方父母确定婚期并将婚期帖送到女方父母家，女方父母同意后回帖，称“完聘”。六为亲迎，男方亲自代表父母、宗族，将女方迎娶至家。

纳采、问名、纳吉、纳征、请期、亲迎为六礼的正式名称，如提亲、求庚、择日等称谓则是六礼在后世流变形成的或雅或俗的别称。值得一提的是，《礼记》中只点明了前五礼而未直接确定亲迎之说；而《仪礼》中则记载了“若不亲迎，则妇入三月然后婿见”之后的礼仪要求，可见周朝礼制中亦以亲迎为要，若因故未能完成，尚需要通过事后的程序进行弥补。

六礼之制殊为繁复，但周朝的确有充分的理由对婚姻进行严格约束。从政治层面来看，一夫一妻多妾制、嫡长子继承制的稳定需要一套完善的婚姻制度进行维护，而宗族的稳定发展也需要通过“同姓不婚”达到避免“其生不蕃”和“娶于异姓，所以附远厚别”的目的。从六礼所规定的种种条件来看，周朝的婚姻更近于两个家族之间的联姻而非两个人的选择，婚姻当事人自始至终没有决定权，新郎甚至直到六礼的最后一个环节亲迎才有可能接触到新娘，从中自能品味出周人对“婚姻”二字的理解。

周朝时虽然没有发展出完善的三书，但不难看出六礼的每一环节均有“交相授书”的文字佐证，这些文字佐证便是后世求婚书、龙凤帖、迎亲书等婚书的雏形。不同朝代的婚书虽然形式不尽相同，但其代表的程序及内容基本一致，从中也足以感受到周礼的重大影响。

正如《仪礼》中的章目名“士昏礼”一样，有周一朝“礼不下庶人”，六礼也仅流行于士大夫之家。那对于庶人而言，婚姻一事是不是便无礼可言了呢？

周朝庶人虽不通行六礼，但并不意味着婚姻缔结可以“妄为”。《孟子·滕文公》中载：“不待父母之命、媒妁之言，钻穴隙相窥，逾墙相从，则父母国人皆贱之。”在没有“父母之命、媒妁之言”的情况下“私订终身”，甚至会落入“父母国人皆贱之”的境地，可见庶人之间结婚也有相应程序。

相对于语气严肃的《孟子》，富有浪漫主义的先秦诗歌则是若隐若现地提到了周朝的民间婚姻。《诗·齐风·南山》中的“娶妻如之何？必告父母……娶妻如之何？匪媒不得”；《诗·豳风·伐柯》中的“伐柯如何？匪斧不克。娶妻如何？匪媒不得”，均明确地指出了媒人在庶人阶层所扮演的角色。而《诗·卫风·氓》的“非我愆期，子无良媒……尔卜尔筮，体无咎言”等句，更点明了即使是庶人，也会在婚前进行占卜。若严格依照六礼，不太可能出现已经“尔卜尔筮”却依然“子无良媒”的情形，从中可以推出周朝庶人阶层缔结婚姻的程序应当是六礼的“简化版”。

如果说周朝庶人的婚礼仅仅是六礼的简化，那周朝庶人的婚书则另有一副截然不同的面孔。《周礼·地官司徒》载：“媒氏掌万民之判。凡男女自成名以上，皆书年月日名焉。令男三十而娶，女二十而嫁。凡娶判妻入子者，皆书之。中春之月，令会男女，于是时也。奔者不禁。”

周朝已经设定了专门的官员媒氏“掌万民之判”，并监管男性三十而娶，女性二十当嫁。在婚嫁过程中，对于“判妻入子”的情形，还需要专门记录。所谓“判妻入子”，《周礼译注》引孙诒让“判妻盖兼夫在而被出与夫亡而再嫁二者而言”，又引江永“防其争讼也”，这说明媒氏所书的内容并不是为万民占卜确定吉凶，而仅仅是从律法角度厘清双方权利义务，以避免诉讼。为了保证青年男女在适婚年龄婚嫁，朝廷甚至扮演了“公媒”的角色，在中春之月“令会男女”——相对于士大夫阶层繁复而保守的六礼，这些规定显然更为“奔放”。

从政治层面来看，同样能看出这一“公媒”制度的目的。庶人婚配，在繁殖人口、扩充兵源、稳定税收方面有重要意义，故而由专员管理，并尽可能地创造适婚男女相识的机会。庶人之间的婚礼依然需要通过媒人进行，一方面可能是为了巩固宗法制而避免私约的出现，另一方面很可能是朝廷借媒人实现对庶人阶层婚姻的控制。

整体而言，周朝的婚书呈现出两副面孔：士大夫阶层的婚书更偏重于礼，以保护宗族利益为重；庶人阶层的婚书更偏重于法，以调整百姓权利义务为重。中国古代婚书在形成伊始就天然具有极强的实用主义色彩及等级意味，感情之事反而缺席。

秦至唐：礼制与法治的合流

秦朝统一后以法家治国，用中央集权制、郡县制代替了周朝的宗法制，婚姻中的礼教色彩也被一并去除。婚姻缔结的资格变得统一而刚性，以是否至官府进行婚姻登记为标准。《法律答问》中记载了两则“指导案例”，一则关乎婚姻缔结的效力：“女子甲为人妻，去亡，得及自出，小未盈六尺，当论不当？已官，当论，未官，不当论”。此处的“官”做动词，指到官府登记，“小未盈六尺”的女子其实还未成年，但只要之前的婚姻已经登记，官府依然认可其效力；另一则关乎婚姻解的效力：“弃妻不书，赀二甲。其弃妻亦当论不当？赀二甲”。婚姻的解除同样需要履行登记手续，如果男方私下休妻而未登记，那夫妻双方都要缴纳罚金。

秦朝二世而亡，不过其“依法治国”的策略却部分为后世所吸收。汉朝成立后，很快在士大夫阶层恢复了早已崩坏的周朝礼制，父母之命、媒妁之言、两姓之谊、三书六礼重新出现，如《白虎通》所言“男不自专娶，女不自专嫁，必由父母。须媒妁何？远耻防淫佚也”，便是对“父母之命”的学理解释。而针对庶人阶层，汉朝效法秦制以法家管控，通过均田制、租调制等开始了严格的户口登记制度，将庶人婚姻缔结牢牢纳入法律的控制范围。

如果秦朝“万世而为君”，那婚书很可能从此被定型为官府所发放的婚姻凭证，中国传统婚书的发展史将会是另一番景象。汉朝之后，六礼的复兴导致三书重新被士大夫阶层所重视，最终在魏晋时期孕育出了六礼版文。

杜佑所撰《通典》中载：“东晋王堪六礼辞……礼版奉案承之。”晋朝六礼中已经开始使用这种六礼版文，版左书“纳采”二字，版中写男方父亲、媒人的名字，并书礼文。《全晋文》中有王羲之所作的《与郗家论婚书》，完整地体现了当时六礼版文的格式内容：

十一月四日右将军会稽内史琅玡王羲之敢致书司空高平郗公足下：上祖舒，散骑常侍、抚军将军、会稽内史、镇军仪同三司，夫人右将军刘（阙）女，诞晏之、允之，允之，建威将军、钱塘令、会稽都尉、义兴太守、南中郎将江州刺史卫将军，夫人散骑常侍荀文女，诞希之、仲之。及尊叔廙，平南将军、荆州刺史、侍中骠骑将军武陵康侯，夫人雍州刺史济阴郗说女，诞顺之、胡之、耆之、美之。内兄胡之，侍中、丹阳尹、西中郎将、司州刺史，妻常侍谯国夏侯女，诞茂之、承之。羲之妻太宰高平郗鉴女，诞玄之、凝之、肃之、徽之、操之、献之。肃之，授中书郎骠骑谘议太子左率，不就；徽之黄门郎，献之字子敬，少有清誉，善隶书，咄咄逼人。仰与公宿旧通家，光阴相接，承公贤女淑质直亮，确懿纯美，敢欲使子敬为门闾之宾，故具书祖宗职讳，可否之言，进退唯命，羲之再拜。

《与郗家论婚书》是现存最早的婚书文字记载，为王羲之为其子王献之求亲所作。这封婚书洋洋数百字，其内容大半在讲述王氏一门的五代职官履历，以证明其身世足以与郗氏门当户对，直到最后才谈及主角王献之“少有清誉，善隶书，咄咄逼人”和郗道茂“淑质直亮，确懿纯美”。通篇而言，《与郗家论婚书》中豪门士族之间的联姻意味非常明显，这封婚书与其说是王献之与郗道茂的婚书，倒不如说是琅琊王氏与高平郗氏的婚书。

王羲之所处的时代正是门阀士族兴盛的时代，士大夫阶层极重门第出身，故而六礼中的等级制度被层层加码。反观庶人阶层，纵然想要依六礼书写婚书，又怎有如此之多的履历供其书写呢？这便是魏晋南北朝时期的“礼不下庶人”。个中之义，孔颖达在《礼记正义》中如此解读：“‘礼不下庶人者’，谓庶人贫，无物为礼，又分地是务，不服燕饮，故此礼不下与庶人行也。”依孔颖达的解释，“礼不下庶人”是考虑到庶人贫困，无力操办筵席、置办礼物，故不以礼仪为难庶人。不过究其根本，庶人阶层地位低下，其权利只能从属于士大夫阶层，极端如北齐武平七年（576年），北齐后主高纬甚至下令“括杂户女，年二十已下，十四已上未嫁者，悉集省，隐匿者，家长处死刑”。杂户是南北朝时期地位高于奴隶的一个阶层，在这道诏令中，杂户女与物品无异，若其自身权利都无法保障，还要依六礼操办婚姻大事，便显得荒唐。

两汉魏晋南北朝时期的婚姻礼仪以周朝六礼为主且更重门第，这一倾向影响深远，直到唐朝的士大夫阶层依然保持着“家之婚姻必由于谱系”的要求。不过在唐朝，“三书六礼”之制又有了更进一步的分化。

有唐一朝，六礼依然是士大夫阶层婚姻缔结所必须遵守的制度。《唐律疏议·户婚》载：“妻者，传家事，承祭祀，既具六礼，取则二仪。”《大唐开元礼·嘉礼》更明确了六礼的适用范围包括纳后、皇太子纳妃、亲王纳妃、公主降嫁、三品以上婚、四品五品婚、六品以下婚。作为门第的体现，六礼的通行范围上至皇族下至各级官员，与庶民阶层无涉，这可以说是唐朝礼制的一面。

然而唐朝同样有法治的一面：正是在唐朝，婚书正式进入法律文本。《唐律疏议·户婚》规定：“诸许嫁女，已报婚书及有私约（约，谓先知夫身老、幼、疾、残、养、庶之类），而辄悔者，杖六十……虽无许婚之书，但受聘财，亦是（聘财无多少之限，酒食非。以财物为酒食者，亦同聘财）……若更许他人者，杖一百；已成者，徒一年半。”可以看出，唐朝承认民间婚书甚至是私约的法律效力，这一点与秦朝“已官当论，未官不当论”截然不同；同时唐律中所规范的主要是婚书所带来的财产纠纷问题，更直接明确了聘财在婚约中的地位，这使得唐朝的婚书在具有礼制色彩的同时，同时具备了契约性质——这可以说是唐朝婚书法治的一面。

整合而论，六礼在唐朝为士大夫阶层通行的婚姻礼仪，而婚书则面向所有人。从这个意义上来讲，婚书虽非唐朝首创，但在唐朝焕发了新的生命。唐朝婚书为复书式，由正书和别纸组成。正书多虚文套话，表达求婚之意；别纸记载男女双方姓名、年龄等基本信息。男方父母请求婚姻所用的叫通婚书，女方父母收到后若同意将回书，这封书则是答婚书。虽然庶人阶层缔结婚姻不要求齐具六礼，但作为具有法律效力的婚书，依然有较强的形式感，吴玉贵著《中国风俗通史·隋唐五代卷》中描写到婚书当“用好纸，楷书写成，放入杨木或楠木的礼函中。礼函的尺寸有重要的象征意义，长一尺二寸，法十二月；宽一寸二分，象十二时；木板厚二分，象二仪；盖厚三分，象三才，函内宽八分，象八节”。

唐朝婚书代表了礼制与法治的结合，是唐朝婚姻制度的一大创新。不过这一创新在当时也受到了非议，如颜真卿便曾于建中元年（780年）上奏，认为婚书“出自近代，事无经据，请罢勿用”。颜真卿抵制婚书的理由是其“事无经据”，然而这一“事无经据”的婚书不但没有被取缔，反而生命力越加顽强，成为中国婚姻制度史上殊为重要的物件。

宋至清：当婚书成为格式合同

随着时代的发展，唐朝之后中国社会的构成出现了极大的变动，婚姻缔结过程中双方对出身门第的关注度相较前朝有所下降，形成“自五季（五代）以来，取士不问家世，婚姻不问阀阅”的局面。婚姻制度中士大夫阶层与庶人的分野变得相对模糊，这一背景也间接决定了宋朝婚姻礼制的改革方向。

“崇文抑武”的宋朝极重视礼制。彭利芸在《宋代婚俗研究》中评价“惟宋代礼法，上承仪礼、周礼，礼记为本；后集汉、晋、唐的大成”，应当说非常中肯。然而，也正是宋朝对六礼进行了大刀阔斧的改革。一方面，宋朝从法律角度扩大了六礼的适用范围，使其从皇族、品官推广至整个庶人阶层；另一方面，宋朝“并问名于纳采，并请期于纳成”，将六礼简化为四礼，同时对六礼中所用器物进行了变通规定，如庶人若无法取得六礼所需的雁，“听以雉及鸡代”。这两个政策可谓相辅相成：要扩大适用范围就必须简化流程，因为庶人阶层很难负担六礼的成本；而简化流程也自然对扩大适用范围起到推动作用。可以这样说：六礼正是在宋朝的改制之下，正式成为中国各阶层共同的习俗。事实上，改制之后的六礼不仅因其简洁而逐渐通行于两宋民间，更成为后世元、明、清三朝婚礼制度的基础；若无此改制，六礼古制能否被承袭、能承袭多少，便真的要打上一个问号。

宋朝在六礼的框架上改革甚多，但其婚书依然保持着唐朝的基本风貌，且更为细致。依《东京梦华录·娶妇》载：“凡娶媳妇，先起草帖子，两家允许，然后起细帖子，序三代名讳，议亲人有服亲田产官职之类。”此处的帖子是经媒人说合之后写成的书面契约，男方、女方各执一份，第一次用相对简略的草帖子，之后再用信息丰富的细帖子。

《梦粱录·嫁娶》中的记载与此相似：“婚娶之礼，先凭媒氏，以草帖子通于男家。男家以草帖问卜，或祷签，得吉无克，方回草帖。”定帖需定明“男家三代官品职位名讳，议亲第几位男，及官职年甲月日吉时生，父母或在堂、或不在堂，或书主婚何位尊长，或入赘，明开，将带金银、田土、财产、宅舍、房廊、山园，俱列帖子内”，而女方此时的回帖同样要如前开写，要列明“议亲第几位娘子，年甲月日吉时生，具列房奁、首饰、金银、珠翠、宝器、动用、帐幔等物，及随嫁田土、屋业、山园等”。

将宋朝的定帖与《与郗家论婚书》对比，会发现两者在叙述男家官品职位名讳方面有相同之处，唯前者多了一丝世俗气息，需要将“金银、田土、财产、宅舍、房廊、山园”等财产信息挑明。时过境迁，魏晋时单纯以出身门第论英雄的时代已经过去，宋朝经济发达，民风竞奢，其婚书自然而然沾染上了世俗之气。

对于这一趋势，宋人也有不同的呼声，《司马氏书仪》中感叹：“今世俗之贪鄙者……将嫁女，先问聘财之多少，至于立契约云：‘某物若干，某物若干。’”不过这种“贪鄙之风”反过来也使宋朝的婚书更具法律意义。《刑统赋》中载：“婚姻书文，开写如镜。嫡长次庶，相谙疾病。两愿成亲，聘财已定。若有争差，私约已定。婚书已立，各无隐讳。若有妄冒，官断听离。女家辄悔，科杖六十，男家自悔，聘财不追。”婚书，尤其是定帖中所书的财产信息均将视为男女双方的承诺，需对其负法律责任，其中所包含的契约精神，又远非前朝所能相比。

宋朝婚书这一重契约属性极为实用，因而为后世所继承。元朝《元典章·户部》中更为直接明确“今后但为婚姻议定，写立婚书文约，明白该写元议聘财钱物”，而且详细规定婚书“不得用彝语虚文，须要明写聘财礼物。婚主并媒人各各画字。女家回书，亦写受到聘礼数目，嫁主并媒人亦合画字。仍将两下婚书背面大书‘合同’字样，分付各家收执。如有词语朦胧、别无各各画字并‘合同’字样，争告到官，即同假伪。”

为了满足婚书的法律要求，元朝刊印的应用文范本《新编事文类要启札青钱》中也辑录了“婚姻四六启式”的各类格式婚书，包括“请媒启”“谢媒启”“求亲启”“开封启”“问名启”“聘启”“请纳采日期启”等。与唐制相同，这些婚书均为复书式，且据双方身份、地位、职业不同分别开列，语气用词亦各有差别。至此，婚书虽依然是六礼的组成部分与文书载体，但其法律意义已经日益明显，甚至远远超过了其礼制色彩。

宋元以降，六礼、婚书的世俗意义及法律色彩一再加强，这一趋势依然为明清两朝所承袭。《大明律》规定：“凡男女订婚之初，若有残疾、老幼、庶出、过房、乞养者，务要两家明白通知，各从所愿，写立婚书，依礼聘嫁。”婚书的主要用途除证明婚姻合法性之外，主要在于厘清男女双方的权利义务关系。当然，明朝对婚书的严格要求，除法律本身所需的精确外，也因媒人为促成婚事取得“谢媒礼”而故意“俊的矜夸，丑的瞒昧”，以至于男女双方常常无法得到对方的真实信息，而这一情形本身，也正是婚书“世俗化”的必然结果。

时至清朝，婚书进一步简化，以至于虚词、套话被尽数省略，直接以男女双方基本情况为主，这一情形在清末尤其明显，如宣统年间的婚书甚至不写祖上信息，男女双方的订与回不过寥寥数十字。

请书式为："仰候玉音：眷姻弟某某某率男某某顿拜，冰人某某，乾命某年某月，宣统年月日。"允书式为："谨蒙金诺，眷姻弟某某某率某女顿拜，坤命某年某月，宣统年月日。"

虽以明确权利义务为要，但如此简略的婚书也着实令人唏嘘。如果说从周朝繁复冗长的六礼到宋朝大刀阔斧的改革是婚姻制度的进化，那从洋洋洒洒的《与郗家论婚书》到宣统年间毫无情感文采可言的格式婚书，便不知要做何解释了。

结语

中国古代婚书的发展源远流长且脉络复杂，但依然可以提炼出一个规律：婚书自古便分为两端，其一是士大夫阶层在完成六礼过程中所需的文书，其二是朝廷为管理庶人阶层婚姻而发放的文书。前者是礼制的体现，后者是法治的代表，而二者的分野又标志着两套不同的管理方式。

唐宋时期，六礼在向庶人阶层扩散的过程中逐渐简化，婚书中的礼制功能与法治功能也渐渐合流，既能与简化后的六礼相结合，又具备了明确权利义务及契约关系的功能。宋后，婚书的法律色彩逐渐加强，最终在清朝末年剪去了所有枝蔓，浓缩成一纸凭证。民国时期，婚书格式逐渐固定，男女双方只要到书局或纸店买一式两份的“订婚书”，填上相关信息，由结婚人、介绍人、主婚人、证婚人在婚书上签章，婚姻关系就正式成立了。

自周朝“媒氏掌万民之判”以降，婚书的演变无不与当时特殊的经济发展、政治制度、文化思潮紧密相关。而纵观历朝婚制的发展，“三书六礼”究竟能不能在总体上代表中国古代婚姻礼仪，又成了一个问号。真正的六礼只通行于士大夫阶层，而当它飞入寻常百姓家时，便不再是真正的六礼了。

个中滋味，当后人翻阅历朝林林总总的婚书时自有不同感悟，但有一点是肯定的：婚书虽与婚姻相关联，却终究与感情无关。

律法的线条

古代身份证：

符牌、传信与户籍制度

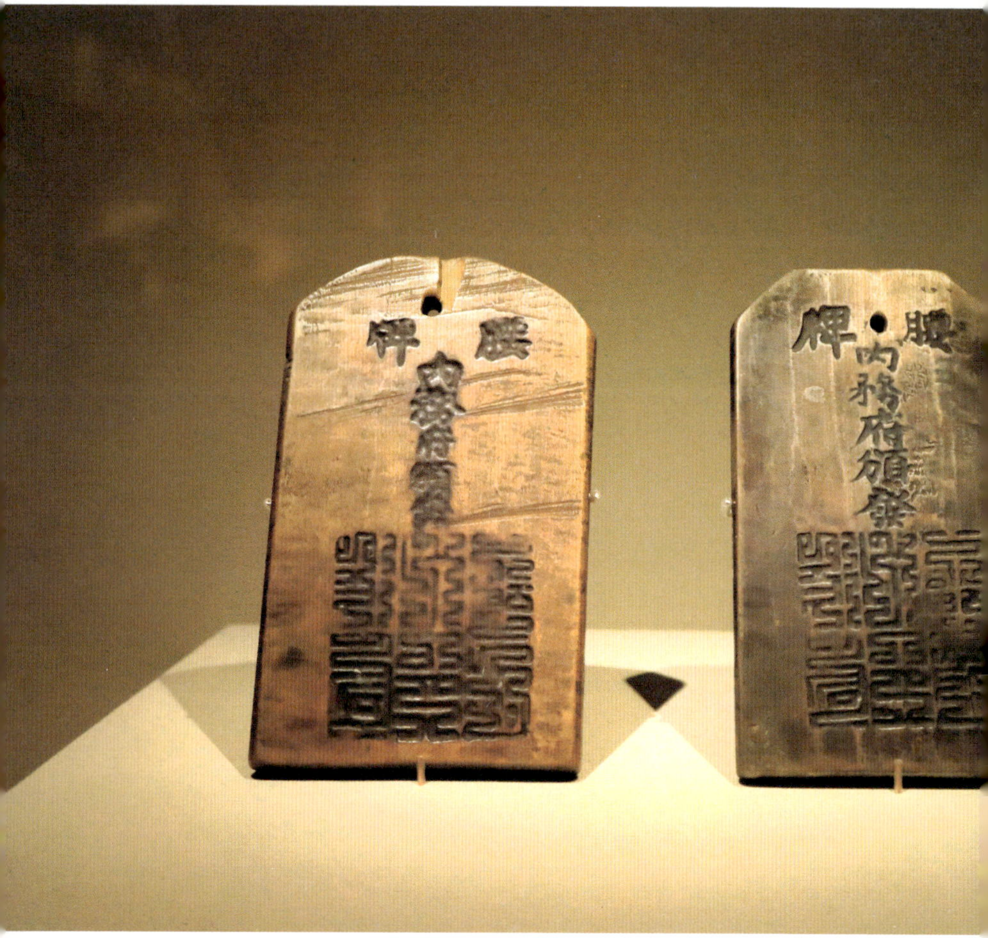

清内务府木腰牌
中国国家博物馆藏

在中国，你要如何证明你是你？一个最简单的办法就是出示身份证。随着信息化时代的来临，身份证内储存的个人信息日益增多，只要使用特定的设备扫描并与持有者的生物特征相比对，就能确定一个人的身份。然而，身份证在中国历史上毕竟是一个新生事物，在它出现之前，你要如何证明你是你呢？这可不是一个好解决的问题，历朝历代为确认百姓的身份操碎了心，发明了符牌、传信、过所、棨信等表明身份、准入通行的凭证，并发展出一套较为健全的户籍制度。不过古代中国最终没有孕育出身份证，这可不是历史的巧合，而是制度的必然。

在中国历史上，身份证是一个既年轻又古老的事物。说其年轻，是因为直到民国时期，身份证制度才在中国正式建立；新中国成立后这一制度直到1984年立法确立。在中国几千年的历史面前，身份证年轻得像个孩子。

说其古老，是因为古代中国虽然没有普遍意义上的身份证，但其背后的户籍制度却几乎与中国历史同庚。作为农耕文明的重要组成部分，人口自古以来便是朝廷制士处民、征收贡赋、兴发力役、组织军旅的基本根据，是不折不扣的国之大事。梁方仲在《中国历代户口、田地、田赋统计》中针对《殷契粹编》“人三千藉”做出了“所记乃藉田的人数”的推断，也即早在商朝时期，君主对基层的控制就已经具体到了个人。虽然当时商王能够直接控制的范围仅限于王畿，但户籍制度的滥觞却已然清晰。

户籍制度的悠久与身份证制度的短暂不独为中国所有，这背后自有人类历史发展的共同规律。不过正如马克思所说的“人的本质是一切社会关系的总和”，只要与社会存在交集，古人便终究避不开如何证明“我是我”的难题。那么，古代中国有类似于身份证的证明材料吗？如果没有，人们的身份又如何标识呢？

中国古代并没有身份证，但的确有两样与身份证相似的证件材料，那就是符牌与传信。相较而言，符牌侧重于表明身份，传信侧重于准入通行。从功能层面看，似乎可以得出“符牌+传信=身份证”的等式，但从内涵及渊源来看，符牌、传信与身份证只是形式相近，本质却大不相同。

符牌：我们都是有身份的人

先说符牌。符牌最早是兵权及君权的象征。史书中最为古老的符牌当数《史记·五帝本纪》所记载的轩辕氏“北逐荤粥，合符釜山，而邑于涿鹿之阿”一句，这里的符其实就是兵符。当然，五帝时期的历史并非信史，相比之下《周礼》的记载更为清晰，也更具说服力：“珍圭以征守，以恤凶荒。牙璋以起军旅，以治兵守。”

珍圭与牙璋都是符牌的一种。珍圭代表的是君权，牙璋代表的是兵权，其内涵都是某种权力的物化与延伸，大有金庸小说《笑傲江湖》中“见黑木令如见教主本人”的意味。当然，这些符信从形制上比“黑木令”还多了一重防伪功能，《说文解字》称其“分而相合”，也就是先将一整块符牌一分为二，使用时双方各执一半，合在一起以验真伪——现代汉语中的“符合”一词正源于此。

秦汉以降，符牌的形制日益多样化，衍生出节、虎符、竹使符等门类。苏武持节出使匈奴，所持的节正是这种符牌，大致为一根长八尺的竹竿，其上装饰着旄羽，代表皇帝的身份。虎符与竹使符则多为兵符，从“铜虎符第一至第五，国家当发兵，遣使者至郡合符，符合乃听受之”“竹使符出入征发”等记载来看，两者一主发兵，一主征兵，而且均有通过“两相堪合”以防伪的功效。兵符多以虎形为主，后又有鱼符、龟符等形制。不过无论何种样式，这些符牌都与身份证的内涵相去甚远。

随着岁月的流逝，符牌渐渐与官员的身份有了交集。唐朝时，朝廷为了“明贵贱，应召命”，根据官员不同的品级发放金、银、铜制的鱼符，其中五品以上的官员还佩有专门的鱼袋。鱼符分左右，左符放在内廷，右符由持有人随身携带，需要时“两相堪合”，便能确定持有人的身份。宋朝时鱼符被废除，但鱼袋保留了下来，文豪苏东坡便曾被赐予银色鱼袋，代表着他朝廷命官的尊贵身份。

到了明清时期，这种符牌渐渐褪去了唐宋时期的古韵森森，最终演变成牙牌与腰牌。明朝牙牌上除了朝臣的姓名和官职，有时还会刻上使用范围与禁令；清朝腰牌就更为完备了，还加上了编号、年龄、相貌特征、发牌年代等，在形制上和后世的身份证已经大同小异。

即便如此，牙牌与腰牌也不宜被视为中国古代的身份证。这些符牌所证明的并不是某一个体的身份，而是某一阶层的权力。从这个意义上来讲，牙牌、腰牌与朝臣的补服一样，首先代表了官员的等级地位，而防伪功能只是基于这种等级地位的自然延伸。手握符牌的人，不是“有身份证的人”，而是“有身份的人”。

传信：要想从这过，留下传信来

再说传信。作为传统农业大国，古代中国的人口流动并不算频繁，但终究不可避免。为了保证这种流动的正常进行，传信便应运而生。

这里的传信不是“鸿雁传书”的意思，而是古代过关津、宿驿站、乘驿站车马的凭证。与符牌不同，传信一般是普通吏民所使用的一次性证明，上面所记载的信息更多，通常会注明详细的申请和签发过程。

《韩非子·说林上》中讲述道：“田成子去齐，走而之燕，鸱夷子皮负传而众。”这里的传即是传信，有些像是身份证、介绍信、预付卡的混合体，而且其防伪方式与符牌一样，都是“两相堪合”。汉朝任选官员使用察举征辟制，受到征召的人可以免费乘坐朝廷车马，所使用的凭证也是传信。汉朝传信的材质主要有两种，一是以缯帛制成的名繻，这一类传至晚在战国时期就已出现，汉朝沿用；二是刻木而成的棨，上面除记载相关信息外再加盖御史大夫的印章。两汉四百多年间，不知有多少出身寒门的子弟在这种小木条的指引下步入庙堂，成为国家栋梁。

与传信相似的还有过所。过所发轫于汉朝，至唐朝已经衍生出完备的制度。唐朝的过所由中央尚书省或地方都督府或州颁发，持有者可以照规定的路线旅行、进行贸易，一旦丢失也需要经过详细审查才能补发。唐朝贸易兴盛，幅员辽阔，为了有效打击偷漏国税、逃避赋役、拐卖人口等活动，过所的申请手续也颇为繁复：申请者要将人数、身份、申请理由、携带货物的数量品色等详细说明，必要时还要附交有关证件，这种繁复的背后，是唐朝兴盛的国际贸易。

吐鲁番曾出土过一份《石染典过所》。这份过所前后缺失，但依然密密麻麻地写了二十四行文字，加盖“瓜州都督府之印”和几个地方印章，持有者的出行目的、行程路线等信息均清晰可见。唐朝时期域外商人凭过所至中原经商者极多，从这个角度来看，过所倒又有些像是护照。

传信虽然有防伪的功能，但制作程序烦琐，在流动人口较多的边关使用颇为不便，于是便诞生了“简易版”的传信——繻。《前书音义》中详细解释了繻的由来：“旧出入关皆用传，传烦，因裂繻帛分持后复出，合之以为符信。”言下之意便是守关的官吏嫌传信用起来太麻烦，于是将帛撕开当证物，“两相堪合”时只要对比一下撕裂口便能确定真伪。虽然少了几分仪式感，但功效也足够了。

除了上述传信，还有棨这一相对特殊的传信形式。棨除了具有通行功效，还是地位的象征，只有皇亲国戚和高级官员才可以使用，故而比起普通传信、过所来说更注重仪式感。棨分为信与戟。棨信是丝质的信件，可以悬挂起来作为徽帜；棨戟为木质，官吏出行时可作为仪仗，这自然也是一般百姓所无福消受的了。

以上五花八门的传信，是不是能看作身份证的滥觞呢？当然不能。传信所针对的重点是“出入”这一事件而非使用者本人，如果没有人口流动，传信便没有了存在的必要，这与身份证的人身属性有着本质区别。

户籍：民不迁，农不移，要啥身份证

为什么古代中国诞生了符牌、传信这种类似于身份证的证件，却没有孕育出身份证制度呢？这个问题，倒是可以在古代户籍制度的发展历程中找到答案。

早在春秋时期，晋国“损其户数”，楚国“乃大户”，秦国“为户籍”，这一系列户籍制度都是为了预防人口流失而设立的；而为了让社会达到“民不迁，农不移，工贾不变”的超稳定状态，各国又将户籍制度与土地、赋税制度相结合，费尽心力地将人口捆绑在自己的国境之内。楚国的户籍册详细记录了居住者的居住地与身份，宋国的户籍册配有相应的地图，秦国更是在将人口打造成“纳税人”的同时，达到了“国境之内，丈夫女子，皆有名于上，生者著，死者削”的精细程序。

可以看出，在古代君主眼中，人口只是活动的“财产”，统治者并不希望这一“财产”具有较强的流动性，而希望其和土地一样便于计算、管理和利用。在这种视角下，户籍制度只是朝廷管控人口的工具，而与公民权利毫无关系。秦朝自商鞅变法后户籍制度越加严格，每个人的户籍信息中甚至附有由画师所画的“照身贴”。人口迁移时不办理“更籍”手续即为“阑亡”，而“捕阑亡者”有赏——这之间的故事，倒与大航海时代美洲赏金猎人与逃亡奴隶之间的关系颇有几分相似。

当然，囿于技术所限，看似严密的户籍制度之下也常有漏网之鱼，就比如那个主持变法的商鞅，在遭受通缉之后便成功逃到了魏国；秦朝建立后亡命于江湖之人更不计其数，不然张良在刺杀秦始皇未遂后又怎能成为“汉三杰”之一呢？

当人口成为“财产”，三六九等的划分自然也不可避免。秦国的户籍政策已经有了“宗室籍”“爵籍”等高阶户籍，以区别于民籍；西汉《户律》在将民籍整编为“编户齐民”的基础上，进一步按资产划分成了“小家”“大家”“高赀富人”等，人口本身的“财产”属性进一步得到强化。

自秦汉至隋唐，中国历代的户籍政策勾连着人口、土地与赋税，自然不可能出现公民权的“温床”。唐朝之后，随着“两税法”

的实施，税收渐渐从以人口为核心转为以资产为核心，朝廷对人口的管控才渐渐放松。其后经过明朝的“一条鞭法”、清朝的“摊丁入亩”层层推进，户籍政策与赋税制度渐行渐远，人口的流动也由此摆脱土地的束缚。而只有当户籍政策不再成为朝廷管控人口的工具时，作为公民权标志的身份证制度才有可能逐渐孕育出来。古代中国只有符牌与传信却没有孕育出身份证制度，其原因也在于此。

结语

按照明清两朝的发展趋势，身份证制度很可能在人口与土地、赋税脱钩的前提下逐渐发展出来。只可惜中国这一历史进程终于碰撞上了“欧风美雨”，清末真正意义上的户籍法，最终还是在“失土地、失人民”这种“国之大患”的背景下突然建立的。

宣统元年（1909年），清朝颁布了《大清国籍条例》；后又以“宪政之进行无不以户籍为根据”为由，“参考东西各国之良规”制定了《户籍法》。当时的中国已经沦为半殖民地，洋人的地位高于华人，一些中国商人为了免受官府勒索欺压，纷纷加入外籍以寻求庇护。这部《户籍法》背后，实在是满载着一个没落王朝的血与泪。

清朝旋即灭亡，这部《户籍法》也未来得及实施，但它在中国法制史上的地位不容忽视：在此之前，中国历朝的户籍制度都只是朝廷管控人口的工具；在此之后，户籍制度渐渐成为公民权的象征，终于在民国时期孕育出了真正意义上的身份证制度。当然，民国历史几乎就是一部战争史，其户籍制度与身份证制度也不免被打上明显的战时烙印，日本侵华期间所扶植的日伪政权甚至确立了“分民、匪为两线”的身份证制度，一系列如良民证、归乡证、通行证的“类身份证”涌现，成为另一个故事。

任何制度的建立都非朝夕之功。身份证虽然轻巧，但它却承载着中国几千年的户籍发展史，以及东西文化碰撞时那一段斑驳破碎的历史。

延伸阅读

户籍制度是社会发展的必然产物，但世界各地对户籍制度的态度却大相径庭。利用身份证管理人口迁徙等行为的做法在一些地区并不被接受，在另一些地区却被视为法律的题中应有之义，这背后所体现的是不同国家、不同民族在漫长的文明演进中所形成的不同价值判断标准。在古代，并非所有的文明都孕育出了健全的户籍制度；在当下，也并非所有的国家都有身份证——世界因不同而缤纷，法律制度也因不同而为未来保留了更多可能性。

律法的线条

杖首鸠不语：

一柄手杖背后的尊老史

青铜鸠杖
绍兴市柯桥区博物馆藏

清朝曾先后举办过四次规模宏大的千叟宴。众多耆老自全国各地千里迢迢前往京城参加这一盛宴，以求一睹圣上容颜；皇帝为了回应民心，在"请客吃饭"之余自然也不忘给予参会的耆老丰富的赏赐。在这些赏赐中，有一样器物殊为别致，那就是鸠杖。鸠杖是指杖首刻有鸠鸟的手杖，老人步履蹒跚，赐杖以助行走似乎顺理成章，但鸠杖可不仅仅是一柄华丽的手杖而已。早在汉朝时，年过七十的老人就能由朝廷授以"王杖"，享受许多优待，而到了清朝，历任皇帝更是屡次下诏减免七十岁以上老人家庭的赋税徭役，反观千叟宴的列席者，也大致以七十岁为起点。由此看来，这些鸠杖的真实身份就是"敬老卡"，背后牵连的则是中国古代历经千年的尊老制度。

在清朝，规模最大的御宴莫过于千叟宴。所谓千叟宴，指的是康熙、乾隆两朝专门针对耆老的赐宴，其中尤以嘉庆元年（1796年）于宁寿宫举办的规模为巨，入席及受邀而未能入席者达八千人之多，时人感叹此次千叟宴实为万古未有之举。

千叟宴的举办是清朝尊老制度的典型体现。众多耆老千里迢迢前往紫禁城参加御宴，所获得的浩荡皇恩不仅仅是盘中的美食，更有宴后的丰富赏赐。据《清稗类钞》载，乾隆五十年（1785年）的千叟宴，三千九百余名预宴者均受赐鸠杖；而嘉庆元年（1796年）的千叟宴赏赐更丰，参宴者三千人及未入座五千人，均得到了诗章、如意、鸠杖、文绮、银牌等物。如此讲“排场”的赏赐固然体现了强盛的国力，但有清一朝仅在康乾盛世期间就举办了四次千叟宴，由此也可以看出清朝皇帝为体现其尊老思想所花费的代价了。

在千叟宴的赏赐清单中，有一件器物殊为别致：鸠杖。顾名思义，鸠杖是指杖首刻有鸠鸟的手杖。年长者行走不便，赐杖非常正常，但鸠的典故源于何处呢？《太平御览》中引应劭的《风俗通》说道：“俗说高祖（刘邦）与项羽战，败于京索，遁丛薄中，羽追求之，时鸠正鸣其上，追者以鸟在，无人，遂得脱。后及即位，异此鸟，故作鸠杖以赐老者。”

这个典故极具传奇色彩，与清朝开国君主被乌鸦所救因而奉之为神鸟的故事亦有几分相似。《风俗通》指出了鸠的神性，却没有解释为什么刘邦要将鸠刻于杖上并赐给老者。不过，在东汉学者应劭所处的时期就已经有了关于鸠杖的民间传说，可以推断出以鸠杖为老者祝寿的习俗源远流长。是什么原因让鸠、杖与老者联系在一起，并形成了一直被清朝统治者所继承的习俗呢？鸠杖背后，又有着怎样的历史底蕴与传承呢？

这个故事，要比《风俗通》里那个真伪难辨的传说更加古老。

从“鹰化为鸠”到“三老五更”

关于鸠，早在《周礼·夏官司马》中便有记载：“中春罗春鸟，献鸠以养国老，行羽物。”东汉郑玄在注解时更进一步地解释了鸠与养老之间的关系：“是时鹰化为鸠，鸠与春鸟，变旧为新，宜以养老，助生气。”

“鹰化为鸠”是惊蛰的第三候，自然界中鹰与鸠一隐一现，正合郑玄所说的“变旧为新”，于是又引申出养老的含义。除了郑玄的解释，《后汉书·礼仪志》中提到了另一种说法：“鸠者，不噎之鸟也，欲老人不噎。”这两种解释孰对孰错已无法判定——或许它们都是后人的臆测，但这种矛盾本身就证明了鸠宜养老的习俗古已有之，绝非源于刘邦“异此鸟”的情感因素。

杖同样很早就与老者相联系，《礼记》中有不少相关记载，如《礼记·月令》中有“是月（仲秋之月）也，养衰老，授几杖，行糜粥饮食”；《礼记·曲礼上》有“大夫七十而致事。若不得谢，则必赐之几杖”“谋于长者，必操几杖以从之”等。

“几杖”即坐几与手杖。既然杖是君主赐予老者的特殊礼遇，而鸠又有着“宜以养老”的文化意涵，那将鸠刻于杖上的做法就不足为奇了。与清朝千叟宴后皇帝赏赐的鸠杖相比，《礼记》中出现了“必赐”“必操”的字样，说明在当时赐鸠杖不是偶然为之，而是一种制度，这就要提到中国自三代以降的尊老传统了。

早期农业社会的农具较为简单，耕作方式也较为固定，知识积累在这种循环往复式的生活中极为重要，因而具备丰富经验的老者便自然受到尊敬——郑玄所谓的“老人更知三德五事者也”、民间流传的“家有一老如有一宝”等谚语，背后都有这一传统观念的留存。

据《礼记·文王世子》所载，周朝已经建立了“三老五更”制度，注疏云：“三老五更各一人也，皆年老更事致仕者也。天子以父兄养之，示天下之孝悌也。名以三五者，取象三辰五星，天所因以照明天下者。”从中可以看到周天子设立的“三老”“五更”只能由致仕（退休）的老者担任，周朝借此举以示孝悌之义，其中大有道德教化的成分。

与“必赐之几杖”这一荣誉相应，《礼记》各篇中还列举了数种实质性的尊老制度，如“五十养于乡，六十养于国，七十养于学，达于诸侯。八十拜君命，一坐再至，瞽亦如之；九十使人受”中区分不同年龄段规定了老者的权利；“七十者，不有大故不入朝，若有大故而入，君必与之揖让，而后及爵者”规定了年长官员的政务优待；“八十、九十曰耄，七年曰悼。悼与耄，虽有罪，不加刑焉”规定了老者的司法豁免权。

《礼记》所载并非孤例，《仪礼·乡饮酒礼》中详细记载了不同年龄段老者所应享有的礼仪；《周礼·秋官司寇》中同样有“一赦曰幼弱，再赦曰老旄，三赦曰蠢愚”的规定，老者在先秦时期在制度层面所受的优待由此可见一斑。

汉朝王杖制度的起与落

尊老制度的第一个高峰出现在汉朝，有其历史的必然性。秦朝尚法家，政令以苛刻著称，其二世而亡的短暂历史给后继的汉朝敲响了警钟。贾谊在《过秦论》中认为秦亡于“仁义不施”，这大致能代表汉初士大夫的总体看法。

为避免重蹈秦之覆辙，汉朝最终选择了相对柔和宽松的政策，“以孝治天下”成了这一倾向的代表。秦朝所崇尚的法家思想有较强的利己主义色彩，由此造成了十分严峻的养老及社会问题，在这一层面，汉朝大力提倡“老有所养”的尊老思想，无疑对尽快平定秦末乱世起到了积极作用。

汉朝养老制度滥觞于汉高祖二年（公元前205年）初刘邦于巴蜀、关中地区颁布的诏令。据《汉书·高帝纪》所载："举民年五十以上，有修行，能帅众为善，置以为三老，乡一人。择乡三老一人为县三老，与县令丞尉以事相教，复勿傜戍。以十月赐酒肉。"《后汉书·百官志》对三老之职的描述更为明确："三老掌教化，凡有孝子顺孙，贞女义妇，让财救患，及学士为民法式者，皆扁表其门，以兴善行。"

以上的"三老"明显远承自先秦的"三老五更"制度。"三老""五更"只局限于致仕的官员，汉朝的三老也局限于"举民年五十以上，有修行，能帅众"的杰出老者，故刘邦所颁诏令远远称不上"佛光普照"——这一层面的尊老政策直到汉文帝刘恒时期才真正出现。

刘恒所定的尊老制度，均通过令发布。《汉书·文帝纪》详细记载了颁布这几道令的前因后果："'方春和时，草木群生之物皆有以自乐，而吾百姓鳏寡孤独穷困之人或阽于死亡，而莫之省忧，为民父母将何如？其议所以振贷之。'又曰：'老者非帛不煖，非肉不饱。今岁首，不时使人存问长老，又无布帛酒肉之赐，将何以佐天下子孙孝养其亲？今闻吏禀当受鬻者，或以陈粟，岂称养老之意哉！具为令。'有司请令县道，年八十已上，赐米人月一石，肉二十斤，酒五斗。其九十已上，又赐帛人二匹，絮三斤。赐物及当禀鬻米者，长吏阅视，丞若尉致。不满九十，啬夫、令史致。二千石遣都吏循行，不称者督之。刑者及有罪耐以上，不用此令。”

这几道令不仅将尊老养老的范围拓展到除“刑者及有罪耐以上”外，所有“年八十已上”的老者，同时也明确细化了尊老养老的措施。背后的原因或许有多种，但刘恒借此“佐天下子孙孝养其亲”的意图已经非常明确。

汉朝后继君主承袭了这一思想，如汉武帝刘彻遣使巡行天下，“赐县三老、孝者帛，人五匹；乡三老、弟者、力田帛，人三匹；年九十以上及鳏寡孤独帛，人二匹，絮三斤；八十以上米，人三石。有冤失职，使者以闻，县、乡即赐。毋赘聚”。刘彻当国以雄才大略、好大喜功著名，其治国之策中尚有这般宽容的一面，背后不难看出汉朝“以孝治天下”的传统。

在这样日益浓烈的尊老氛围下，鸠杖终于在制度层面登上历史舞台。本始二年（公元前72年），汉宣帝刘询实行王杖制度，王杖的形制正是鸠杖：“高年赐王杖，上有鸠，使百姓望见之，比于节。”汉朝官员出行持节为凭，王杖能“比于节”，几乎意味着王杖的持有者仅凭年长便有了半个官员的地位。东汉时期，王杖制度进一步细化。《后汉书·礼仪》中记载：“年始七十者，授之以王杖，铺之糜粥。八十九十，礼有加赐。王杖长九尺，端以鸠鸟为饰。”

从制度层面来看，“年始七十者，授之以王杖”并没有身份地位的限制，但实际上是否能推行到所有老者，尚难判定。不过可以确定的是，通过汉朝的王杖制度，鸠、杖与老者的联系从文化层面正式上升到制度层面，这种升华最终使三者之间的文化联系更为紧密。

清朝集大成的尊老制度

汉朝之后，王杖制度消失，偶有赐杖之举，但与汉朝对鸠杖的热衷已不可同日而语。西晋初期，曹魏遗臣王祥致仕后，晋武帝司马炎下了一道颇具古意的诏：“古之致仕，不事王侯，今虽以国公留居京邑，不宜复苦以朝请。其赐几杖，不朝，大事皆谘访之。”诏中之意，与《礼记·祭义》中的“七十者，不有大故不入朝”一脉相承。

随着朝代更迭，鸠杖渐渐从庙堂的话语体系中淡出，转而回归文化层面，如宋朝诗词中“身安不用扶鸠杖，骨贵从知应虎头”“鸠杖庞眉鹤发仙，诗中有史笔如椽”“斯辰聊用祝龟龄，他年端合扶鸠杖”等句，鸠杖依然代指老者，却没有了昔日王杖的威风。明清两朝设虚职“寿官”，但受赐的老者并未被授予鸠杖，而是以冠带代之。

那是不是鸠杖从此便在朝堂之中消失了呢？将视线回转至千叟宴的赏赐清单便能得到答案。而清朝所“复兴”的不仅仅是鸠杖，更带来了中国尊老制度的第二个高峰。

清朝统治者一开始就制定了极为优渥的尊老制度，顺治帝即位时便下诏，军民中七十以上的允许留一男丁侍养，免杂派差役；八十以上的赏赐绢一匹、帛一斤、米一石、肉十斤，九十以上的加倍赏赐。这份诏书在形式上有着明显的汉族传统色彩，但在力度上明显有所加强——针对七十岁以上老者的优待不分官民，而且随着耆老年龄的增加而赏赐越多，这一点纵然如“以孝治天下”的汉朝也未曾做到。

在尊老氛围如此浓烈的背景下，清朝重新拾回鸠杖这一尊老器物就不足为奇了。不过鸠杖在清朝花样繁多的尊老赏赐中远算不上突出，宫廷的千叟宴、民间的百岁人瑞坊，都更具清朝特色——对于受赐者来说，也更“实惠”。

其中，千叟宴虽然规模庞大，但未成定制，乾隆之后画上了休止符；而普罗大众的百岁人瑞坊背后则有一套完整的尊老制度。清朝陈康祺在《郎潜纪闻》中所记，清朝有寿民、寿妇达百岁者，均由当地省督抚题请恩赏，奉旨给匾、建坊，以昭人瑞。这里的“人瑞”特指年过百岁者。与百岁人瑞坊相应的是三十两建坊银，而且建坊银还会随着老者年岁的增长而翻倍。据《清会典事例》所载，雍正四年出现了一个名叫萧俊德的一百一十八岁寿民，于是朝廷又明确“年至一百一十岁加一倍赏赐；至一百二十岁者，加两倍赏赐；更有多得寿算者，按其寿算加增，著为定例”，老者在清朝所受的尊荣，可谓前无古人。

雍正年间，朝廷命“州县有司择老农之勤劳俭朴，身无过举者，岁举一人，给以八品顶戴荣身，以示鼓励”；乾隆帝八旬寿辰时各省奏请加恩耆老，其中一位一百六十六岁的老寿星更是直接赏六品顶戴。明朝虽有“寿官”，但有明一朝仅授过十九次，获衔者不过数百人，远不能与清朝的“大气”相比。鸠杖虽然文化意蕴丰富，但在这样一套复杂的尊老制度下，也显得有些平凡了。

结语

在中国数千年的尊老制度中，鸠杖的确是一个特别的存在。它背后沉淀着三代早已模糊的尊老古制，一度在汉朝登上“神坛”，又在清朝逐渐“泯然众器”。不过无论朝代之间的起起落落如何，鸠杖的寓意早已跳出庙堂，获得了顽强的生命力。在民间，有一副颇为常见的祝寿联：“坐看溪云忘岁月，笑扶鸠杖话桑麻。”这种飞入寻常百姓家的祝福，既是对老者的问候，也是对鸠杖的致敬。

杖首鸠不语，悠然千年期。当“三老五更”制度、王杖制度、千叟宴均已为历史的尘埃时，鸠杖经历的岁月，本身或许就是尊老最好的代名词吧。

律法的线条

夜半听更鼓：
宵禁里的时间小夜曲

北京鼓楼

受到不少历史影视剧的影响，很多人心中的古代夜市都是一派万家灯火的繁荣唯美景象。唐朝曲江池畔的笙歌达旦，宋朝琼林苑的金碧相射，明清秦淮河的桨声灯影……好了，如果你真有这样的想法，请就此打住，因为这些画面在历史上的绝大多数时间里都不存在，取而代之的则是“六街鼓歇行人绝，九衢茫茫空有月”的凄清景象。为什么古代城市的夜色如此冷清？是因为人口稀少、经济落后，还是盗贼横行？不不不，以上都不是。白天摩肩接踵的城市在夜里突然变成“鬼城”，是因为历朝历代极力推行的严苛的宵禁制度：更鼓一响，你若不回家，怕是就回不了家了……

千年以后，当后人吟诵诸如“东风夜放花千树”的灿烂诗句，或是观摩《清明上河图》中的繁华图景时，往往会在脑海中勾勒出一幅关于中国古代不夜城的盛世景象。唐朝曲江池畔的笙歌达旦，宋朝琼林苑的金碧相射，明清秦淮河的桨声灯影……何须细想，分寸间便有多少意象涌上心头。

然而，在绝大多数历史时期，这一“灯火辉煌”的景色都只是空想。自先秦起，中国历代王朝就开始奉行宵禁，越是王城重镇，专门夜巡的官员兵丁便越密，以此维护都市夜晚的治安。而最富盛世气象的唐朝更是宵禁最为严格的朝代，长安大多数夜晚都是“六街鼓歇行人绝，九衢茫茫空有月”的凄清景象。随着市民阶层的壮大与市场经济的发展，宵禁在两宋时期短暂松动，终又在宋后延续。那些零落在唐诗宋词明清笔记里的繁华景色，只是古代中国几千年静谧夜空中的片段；而真正主宰黑夜的，则是声响悠扬绵长的更鼓。

在用机械钟表计量和指示时间之前，更鼓是中国人计量黑夜尺度最重要的工具。然而，之所以将更鼓视为黑夜的“主宰”，是因为更鼓远不只是计量时间的工具，更是决定人们是否有权通行于市井坊间的法律标识——当“天干物燥，小心火烛”的唱词响遍大街小巷时，每一扇紧闭的门后都锁着森严的宵禁律法。

时间刻度：辰刻更点与昼夜

更鼓陪伴中国人长达千年，但在将视角切入这件什物之前，还有两个漫长的故事要讲，第一个故事：时间计量。

掌控时间的前提是计量时间，而对于生活在工业时代之前的人们来说，计量时间并不是一件容易的事情。正如《击壤歌》中所唱的“日出而作，日入而息”那样，太阳及其斑驳的光影给了人们针对时间最初的计量工具。甲骨文中出现的三十四个时间术语中一半都与太阳位置有关，如旦、日中、昃等。然而，日出日落的时间毕竟会随着地球公转而变化，阴雨等天气变化也常常让人无法“举目见日”，于是在漫长的岁月中，百刻制、十二辰制和更点制等计时制度逐渐发展出来。

百刻制的出现立足于刻漏的发明。《隋书·天文志》上载：“昔黄帝创观漏水，制器取则，以分昼夜。”虽然黄帝制器本身仅是传说，但这一记载大体能够说明刻漏早在先秦时期就已经问世，且以水流为原理。刻漏分漏壶和漏箭两部分，水从漏壶底部侧面流泻，使浮在漏壶水面上的漏箭随水面下降，由漏箭上的刻度指示时间，水相对稳定的流速使得时间计量成为可能。将漏箭平均分为一百等份并对应一昼夜时间的计时制度，就是百刻制。

刻漏分为昼漏与夜漏两种，以此来计量白天与黑夜的长短。不同地区、不同季节的昼夜长短均有变化，而漏箭上的刻度无法伸缩，于是人们便按需更换不同刻度的漏箭，这一程序被称为“改箭”。唐朝元稹《春六十韵》中有“昼漏频加箭，宵晖欲半弓”之语，这里的“加箭”恰可看作“古典主义”的夏令时制度。

十二辰制，是将一昼夜分为十二等份的时辰，分别以十二地支命名。十二辰以正午为固定基准点，若用以十二辰制为基础的日晷计时，则此时的表影正好指向正北方向。

百刻制与十二辰刻相结合，就形成了中国古代最主要的计时制度——辰刻制。但是因两者进制不同，平均每个时辰有八又三分之一刻的折算并不方便，于是当西方时分秒制传入后，清朝便果断依西法将一百刻变更为九十六刻，每刻也由之前对应的14.4分钟变成了15分钟，当然这是后话了。

对于“日出而作”的白昼，人们需要相对精确的时间计量方式以安排事务，故而采用相对烦琐的辰刻制，而对于“日入而息”的夜晚就是另一套逻辑了。在人造光源既不普及也不稳定的时代，夜晚的时间完全没有必要精确到每一刻，于是更点制诞生了。

更点制，是指将一夜分为五更，每更分为五点的计量方式。如前所述，夜晚的时长并不固定，所以每更的时间也一定会因地点和季节的不同而有所区别。《晋书·天文志》有一段记载颇为有趣：“夫天之昼夜以日出没为分，人之昼夜以昏明为限。日未出二刻半而明，日入二刻半为昏，故损夜五刻以益昼，是以春秋分漏昼五十五刻。”

据此，昼夜的边界并非以日出为标准，而是以人眼是否能辨识昏明为标准。因为日出前后分别有两刻半尚能视物，所以便将五刻时间人为划为昼。《宋史·律历志》中也有相关记载：“冬至昼漏四十刻，夜漏六十刻；夏至昼漏六十刻，夜漏四十刻；春秋二分昼夜各五十刻。日未出前二刻半为晓，日没后二刻半为昏，减夜五刻以益昼，谓之昏旦漏刻。”

从中可以看出，更点制虽能将夜晚五等分，但因为夜晚总时长随着季节更迭而变化，故而被等分的五更也势必有消长。可以说，无论是昼还是夜，其边界均有着较大的弹性。

总体而言，古代中国“昼用辰刻制，夜用更点制”，昼夜分制的现实凸显出古人对白昼与黑夜两个时段的“分而治之”：对于活动集中的白昼，就计量得相对精确些；对于活动较少的夜晚，就计量得相对粗糙些，这背后的实用主义态度不言而喻。

隔离夜色：“冬冬”声里的宵禁

不过，辰刻制与更点制背后的两套计量逻辑所折射出的还远远不只是实用主义这么简单。如果说辰刻制的精确关系着朝廷的运作效率，那更点制的粗糙则对应着中国古代一个重要且长期实行的制度，同时也是第二个故事：宵禁。

与辰刻制不同，更点制自诞生伊始就与宵禁相关。如果说辰刻制的出现是为了让人们更充分地利用时间，那更点制的出现则让人们与时间有了更强的疏离感。

在“日出而作，日入而息”这句具有田园牧歌风格的诗句背后，隐藏着中国历代王朝对夜间活动的排斥与污名化。夜聚晓散在绝大多数历史时期被禁止，夜间行动往往会与抢劫、盗窃、嫖妓等负面事件相联系，直至后唐天成二年（927年）还有“或僧俗不辨，或男女混居，合党连群，夜聚明散，托宣传于法会，潜恣纵于淫风，若不除去，实为弊恶”的敕令——夜聚晓散之“恶”，溢于言表。

对夜晚行为进行规制的法律体现，就是宵禁制度。《周礼·秋官司寇》中有“司寤氏掌夜时，以星分夜，以诏夜士夜禁。御晨行者，禁宵行者，夜游者”的记载，可见周朝不仅实行宵禁，还出现了司寤氏与夜士的分工。

秦朝设率更令“掌漏刻”，汉袭秦制，又设宿卫郎官、执金吾等官职“呵夜行者”“以禁夜行”，甚至连李广这样的名将也不得通融，到了宵禁时间只能“宿于亭下”。当曹操任洛阳北部尉时，权宦蹇硕的叔父蹇图违禁夜行，曹操作为一名底层官吏竟敢将其处死，这固然是曹操性格使然，但宵禁之严厉亦是重要原因。《三国志·田豫传》中田豫以此作比，言“年过七十而以居位，譬犹钟鸣漏尽而夜行不休，是罪人也”，可见至汉末时期，“漏尽而夜行”是为罪的思想在士人心中是多么根深蒂固。

汉朝之后宵禁制度一直延续，最终在唐朝与市坊制结合，将封建社会城市封闭式管理制度推向顶峰。唐朝加强了宵禁的官吏配备，以城门、坊角等处的金吾卫为主力维持夜间秩序，同时增设左右街使“掌分查六街徼巡”，后又在御史台下增设左右巡使加强市坊制度的维护。唐朝对宵禁一事的层层设防，由此可见一斑。

然而，较为准确地计量时间是一回事，让寻常百姓知道具体时间又是一回事。日常行走于市井坊间的居民不可能随身携带刻漏，负责治安的官吏只能口头传呼警示，这显然无法适应大城市的管理需求。于是在这一“刚需”之下，更鼓终于问世。

《旧唐书·马周传》中记载：“先是，京城诸街，每至晨暮，遣人传呼以警众。（马）周遂奏诸街置鼓，每击以警众，令罢传呼，时人便之……”《大唐新语·厘革》中对此进一步补充道：“旧制，京城内金吾晓暝传呼，以戒行者。马周献封章，始置街鼓，俗号‘冬冬’，公私便焉。”

最初的更鼓置于长安六条主要街道，故称“街鼓”，从“时人便之”与“公私便焉”的评价可以看出依靠巡街官吏“传呼以警众”的方式在当时令人深感不便。街鼓发明后，与之配套的制度很快被写入律法，《唐律疏议·卷第二十六》所引《宫卫令》对此规定得极为详细：“五更三筹，顺天门击鼓，听人行。昼漏尽，顺天门击鼓四百槌讫，闭门。后更击六百槌，坊门皆闭，禁人行”，并明确“诸犯夜者，笞二十。”

“冬冬”一问世，唐人便陷入了被更鼓支配的恐惧之中。《太平广记》中的不少故事对此有所涉及，如《张无是》中张无是因未能在暮鼓敲绝前归家，不得不夜宿桥下；《田膨郎》中王敬弘因宵禁无法取琴于宴上助兴；《任氏》中郑子“坐以候鼓”……

明人周祈在其所著的《名义考》中认为，古人用刻漏计时可无视昼夜，后人为求简便，故用日晷与鼓代之。“从简便也”四字看似自然，背后却经历了漫长的演进，在此也要感叹一声器物进步的路漫漫其修远兮了。

更鼓谯楼：跨越时代的“小夜曲”

更鼓的出现解决了时间标准的公开问题，但其功效远称不上彻底。唐朝宝应元年（762年），左金吾将军臧希晏奏曰：“诸街铺鼓比来依漏刻发声，从朝堂发远处，每至夜才到，伏望今日已后减常式一刻发声，庶绝违犯。”

这一份上奏中透露出两个细节：其一，更鼓的时间依据依然是漏刻；其二，更鼓起始于“朝堂”而以多米诺骨牌的形式逐步推至郊区，因而存在时间差，这将导致越边缘的地区宵禁开始得越晚。很明显，唐朝的更鼓尚无法将声音传播到较广的范围，而制作工艺无法在短时间内有所突破，于是另一个方案自然浮出水面：将更鼓架高——更鼓与谯楼的结合，由此水到渠成。

谯楼即高楼。《庄子》中载“君亦必无盛鹤列于丽谯之间”，郭象、成玄英均注曰：“鹤列，陈兵也；丽谯，高楼也。”《汉书·陈胜传》有“独守丞与战谯门中”，颜师古注曰：“谯门，谓门上为高楼以望者耳。”可见谯楼不仅仅是高楼，同时还有战争时瞭望敌情的功用，故而又建于城门之上，这样的地方用于放置传播时间信号的更鼓再适合不过了。

谯楼与更楼的结合对于彼此来说都是一件大事。在太平盛世，谯楼承载的军事意义难以展现，更鼓给了它新的使命；而对于更鼓来说，谯楼绝佳的地理位置又最大限度地彰显了其报时功能。《辞源》解释鼓楼“击鼓为警”“建于城隅上者，亦为报时之用”，解释谯楼为“建有望楼的城门”，两者方位功能相近。

“共闻更点之分明”的谯楼鼎建后，自然而然成了夜巡的重要场所和更夫的交接基地。在宵禁严格的唐朝，更鼓响起意味着夜间秩序的降临，谯楼如同尘世间两种秩序交替的节点，其建筑自然也需要更具标志性。从宋人的记载来看，两宋的谯楼规模已经非常可观，如成都府铜壶阁，通阁上下一十有四间，高一丈六尺五寸、广十丈、深五丈六尺；又如溧水县的鼓楼和谯楼，楼皆五间，高五丈二尺；再如嘉泰元年（1201年）重修的新淦县谯楼，经扩建后有七间，中三间高而两侧四间低，气势雄浑。文天祥《雷州重建谯楼记》中曾引虞应龙“斯楼郡以昼夜者，非大且壮，无以支永久”之言，大致非虚。

虽然《辞源》中将谯楼与鼓楼混同，但两者间还是有区别的。谯楼一般单独出现，而鼓楼则往往与钟楼成对立于县署东西两侧。与鼓楼、钟楼相比，谯楼通常同时设钟与鼓，这是由更鼓之节所决定的。一夜五更，每更五点，谯楼报时通常是更以击鼓为节，点以击钟或击钲为节。时至明朝，报更及止更前后还要放“定更炮”和“明炮”，鼓与钟相配合再间杂炮声，方能奏出一支完整的“小夜曲”。

从历朝谯楼的遗迹来看，两宋时期已然修建了规模可观的谯楼。两宋是古代中国宵禁制度最为宽松的朝代，宋太祖赵匡胤诏令京城夜市至三鼓以来不得禁止后，汴梁夜市呈现出三更刚尽，五更又复开张的热闹景象，耍闹去处更是通宵不绝。谯楼在这种情况下依然被广泛修建，说明其计时功能同样被广泛认可——比起令唐人心惊胆战的“冬冬”，宋时的谯楼倒显得颇具人情味。

明清时期宵禁再次严肃起来，通常自一更三点持续到五更三点，如遇急事难待天明者，需持特制的夜行牌才可放行，由此更鼓又成为城市夜晚最寻常而规律的背景音。明清两朝无论城内的街巷还是关厢、镇店、村庄均普遍建有栅栏与围寨，谯楼定更以后，街市渐空，唯有“手打梆子或摇着铃”的打更人行走在街巷之中，唱着那一段段古老的唱词：

“凡我甲户，致奉圣谕，谨守律法，各保身家，严禁盗赌，有犯连坐……”

这才是悠悠更鼓声中最真实的古代中国良夜。

结语

传统的农耕社会往往无须过于精确的时间，牌契显示、鸡人引唱等原始而富有诗意的方式足以满足人们计量时间的需求，而更鼓正是在这一段“模糊岁月”中夜色的最佳伴侣。

从历史的角度来看，更鼓分割了古代中国的昼夜时段；从文化的角度来看，更鼓更分割了古代中国的“阴阳两界”。在以《太平广记》为代表的志怪小说中，鬼神纷纷放弃了在荒郊野岭的“清修”，转而聚集到长安、洛阳等大城市，与人类分时段享受起了世俗生活，而暮鼓与晓鼓成了两大族群活动的分界线，每次鼓声响起，城市都会完成一次昼与夜、阴与阳的交替。人类早出晚归，鬼怪昼伏夜出，在这极具古典浪漫主义气息的都市怪谈背后，自然是千余年宵禁制度在寻常百姓心中烙下的印痕。

工业时代一来临，代表着机械之力的钟表便统治了人们的客厅与手腕，同时也重新塑造了人们的时间观念。20世纪初，宵禁、巡更制度纷纷被取消，那陪伴了中国人千余年的更鼓也成了众多谯楼遗迹中的古物，看着脚步越来越快的人们，再无言语。

律法的线条

饔餮科举宴：

从乡饮酒礼到琼林宴

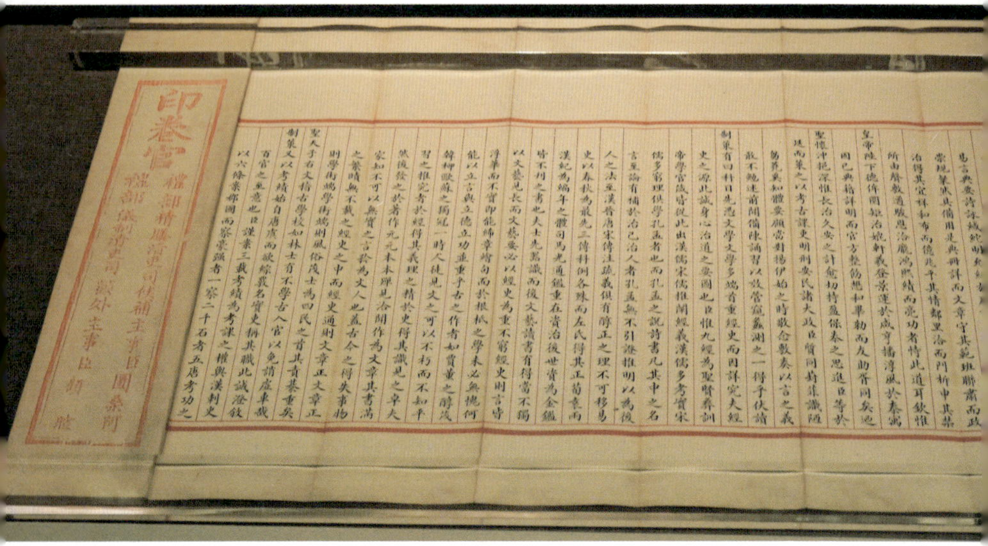

赵楫殿试卷
首都博物馆馆藏

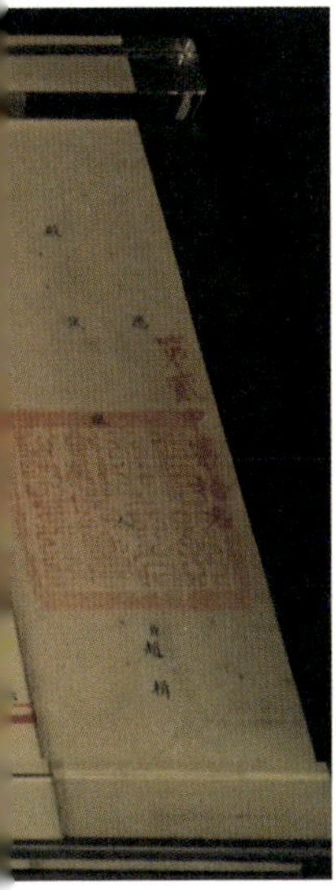

节俭是中华民族的传统美德，“静以修身，俭以养德”“由俭入奢易，由奢入俭难”等警句也是无数文人借以自勉之语。不过作为“美食王国”，古代中国同样也孕育了一席得到朝廷力推的饕餮盛宴，那就是放榜后为与及第考生相庆所举办的官方大宴。在“万般皆下品，唯有读书高”的传统社会，“学成文武艺，货与帝王家”是大多数文人的梦想，朝廷也乐于见到“天下英雄入彀中”的局面。然而有一个问题依然令人疑惑：在一个崇尚节俭、惜粮的时代，为什么朝廷一定要通过举办盛宴庆贺呢？其实吃只是“面子”，为朝廷择贤才是“里子”，这背后隐藏着一整套历史悠久且精细的人才选拔制度。一言以蔽之，吃是一项制度，意义重大，使命非凡。

作为传统的农耕文明古国，中国历代王朝中上至王侯将相，下至寻常百姓，家训中每每少不了关于节俭的语句。如诸葛亮《诫子书》中的“静以修身，俭以养德”，司马光《训俭示康》中的“由俭入奢易，由奢入俭难”，甚至唐太宗李世民所撰的《帝范》中也有“诫盈”“崇俭”二篇，以诫后世为人君者“存乎节俭”。

如石崇、王恺般有能力“并穷绮丽，以饰舆服”的人毕竟少之又少，所谓“民以食为天”，节俭观念最常见的投射，就是惜粮。历朝笔记小说中多有帝王训诫子孙惜粮之典，如刘餗《隋唐嘉话》中云：“太宗使宇文士及割肉，以饼拭手，帝屡目焉，士及佯为不悟，更徐拭而便啗之。”宇文士及于唐太宗时拜中书令，已是正三品的高官，地位如此显赫者尚不敢将席间拭手的面饼丢弃而需要食尽，朝中节俭观念之深，不言而喻。

然而就在崇尚节俭的同时，中国古代又有一席朝廷力推的饕餮大宴——科举宴。所谓科举宴，大体是指科举制确定后，朝廷为与及第考生相庆所举办的官方大宴。科举宴名目繁多，如鹿鸣宴、会武宴、鹰扬宴、闻喜宴、恩荣宴等，其中“琼林宴”这一称呼因多见于戏剧而更广为人知，如《三侠五义》中便有一出“琼林宴”，结尾正是新科状元范仲禹金殿传胪，恩赐琼林宴。在“万般皆下品，唯有读书高”的传统社会，科举制自诞生后便成了读书人最重要的入仕通道，朝廷赐宴庆祝似也顺理成章，然而细思之下此举却大有可探究之处：庆贺的方式极多，为何一定要以宴会的形式？在一个崇尚节俭、惜粮的时代，如何将科举宴与传统儒家道德相结合，使这种铺张得到接受？

答案似乎有些让人意外：在美食之邦中国，早在科举制和儒家思想尚未诞生时，饮食就已经与官员选拔紧密结合在一起了。从这个角度而言，为“新科状元”赐宴，也不过是对中国古老传统的继承而已……

乡饮酒礼：尚齿与宾贤

在提及科举宴之前，要先将视角放到周朝的乡饮酒礼之制上。所谓乡饮酒礼，发轫于周朝古礼，《周礼·春官宗伯》将周朝礼制分为吉、凶、军、宾、嘉五种，其中“以嘉礼亲万民：以饮食之礼，亲宗族兄弟”，而乡饮酒礼就是嘉礼中的重要形式。至于其程序，《仪礼·乡饮酒礼》中的记载详尽到甚至有些繁复，从中亦可见这一礼制的古老与成熟。

“亲万民”看似与后世的科举制无关，细品之下却并非如此。贾公彦《仪礼注疏》中载：“凡饮酒之礼，其名有四案：此宾贤能谓之乡饮酒，一也；又案《乡饮酒义》云，‘六十者坐，五十者立侍’……”孔颖达《礼记正义》中载：“（乡饮酒礼）凡有四事，一则三年宾贤能，二则……”郑玄《三礼目录》中更注明“诸侯之乡大夫，三年大比，献贤能者于其君，以礼宾之，与之饮酒”，从中易知进贤一事是乡饮酒礼的重要功用之一，这就与科举制的目的不谋而合了。

既是进贤，自然不能草率行事，“三年将献贤”“三年宾贤能”等描述大致勾勒出了乡饮酒礼的周期。结合《周礼·地官司徒》中“三年则大比，考其德行、道艺，而兴贤者、能者。乡老及乡大夫帅其吏兴其众寡，以礼礼宾之”的记载，可以得知周朝进贤的乡饮酒礼三年举办一次。

由此，乡饮酒礼得以与周朝教育制度相结合：周朝于国学外设各级乡学以教化子民，同时以三年为期，每隔三年由乡大夫举办乡饮酒礼并邀请学业有成的贤能者参加，并将这些人才推荐给诸侯乃至天子。那何为“贤能者”呢？郑玄《周礼注疏》解释“贤者”即“有德行者”，“能者”即“有道艺者”，又云“考其德行”者，即“乡大夫以乡三物教万民，遂考校其万民有六德六行之贤者”，“察其道艺”者，即“万民之中有六艺者，并拟宾之”。由此看来，将周朝的六德、六行、六艺视为乡学的课程，将乡饮酒礼视为乡学的考试并无不可，科举宴前的草蛇灰线由此便已埋下。

事实上，相较于进贤，乡饮酒礼对后世影响更深的是尊老之功用。《仪礼·乡饮酒礼》中详细记载了针对不同年龄段老者所应采取的礼仪，对此大量儒家经典中均多有论述。秦汉之后，乡饮酒礼中明尊卑长幼之序、尊老尚齿以成孝悌的礼义色彩日益浓厚，如汉昭帝始元六年（公元前81年）盐铁会议，论辩者即有“乡饮酒之礼，耆老异馔，所以优耆耄而明养老也”的论点；东汉时地方郡国学校十月举行乡饮酒礼，遵循的亦是尊老尚齿、明长幼之序以正齿位之说。

当然，尊老之意固然影响深远，但进贤的功用也并未从乡饮酒礼中消失。汉代州郡举送人才之时，即有“以礼发遣”的仪式，这与周代乡饮酒礼“宾贤能”之举显然渊源颇深。隋朝开皇七年（587年）实施贡举时，又规定各州贡士须于州学举行宾贡之礼。虽然未能明确此时的宾贡之礼与周朝乡饮酒礼的相似程度，但从唐朝的典籍中可以推测出宾贡之礼与乡饮酒礼的合二为一，如杜佑《通典·选举》记载的“行乡饮酒礼，送于兵部”，《新唐书·选举志》的“亦以乡饮酒礼送兵部”——唐朝地方于贡举人时举行乡饮酒礼作为饯行，当无疑义。

从周至唐，从乡饮酒礼到宾贡之礼，宴席与进贤，也即官员选拔的联系日益紧密且制度化，最终酝酿出了铺张华丽的科举宴。

曲江宴：盛唐的一春宴会

唐朝“沿隋法汉”，其赖以为朝廷选拔官员的科举制与周朝的乡饮酒礼中的进贤意旨可谓殊途同归，由此通过赐宴为那些即将踏入仕途的进士庆贺，便是顺理成章之事。而作为中国历代最富庶强大的王朝之一，有唐一朝针对进士所举办、设立的宴游活动，其名目之多、规模之大、奢靡之甚也的确不负“盛唐气象”。仅据王定保《唐摭言》卷三所载宴名，即有大相识、次相识、小相识、闻喜、樱桃、月灯打球、牡丹、看佛牙、关宴等。而最盛大者，莫过于其中的关宴，即曲江宴。

曲江宴，可以说是唐朝进士金榜题名的代名词，然而其最初的举办者却是一群落第举人，后来才变成了及第进士的盛宴。《唐摭言》中同样记载了这一演变历程：“曲江大会比为下第举人，其筵席简率，器皿皆隔山抛之，属比之席地幕天，殆不相远。尔来渐加侈靡，皆为上列所据，向之下第举人不复预矣。”

曲江宴于吏部关试之后举行，因此被称为“关宴”；而之所以有曲江宴之名，源于其举办地——曲江池。曲江池又名芙蓉池，原本为水库，神龙年间以后渐渐发展为长安一大风景名胜。杜甫曾有《曲江二首》云：“朝回日日典春衣，每日江头尽醉归。”曲江池的景致由此可见一斑。不过，从《唐国史补》可以推断出曲江宴乃由民间落第举人所创而非朝廷正式赐宴，这与宋朝的琼林宴是有较大区别的。

开元年间，以曲江宴为代表的科举宴已经蔚为大观，《唐摭言》对曲江宴的描述颇为细致全面“曲江大会，则先牒教坊请奏，上御紫云楼，垂帘观焉。时或拟作乐，则为之移日。故曹松诗云：‘追游若遇三清乐，行从应妨一日春。’敕下后，人置被袋，例以图障、酒器、钱绢实其中，逢花即饮。故张籍诗云：‘无人不借花园宿，到处皆携酒器行。’其被袋，状元、录事同检点，阙一则罚金。曲江之宴，行市罗列，长安几于半空。公卿家率以其日拣选东床，车马阗塞，莫可殚述。”

同时期的唐诗中也不乏描写曲江宴的盛大繁华的诗句。如刘沧的《及第后宴曲江》：“及第新春选胜游，杏园初宴曲江头。紫毫粉壁题仙籍，柳色箫声拂御楼。霁景露光明远岸，晚空山翠坠芳洲。归时不省花间醉，绮陌香车似水流。”秦韬玉的《曲江》：“曲沼深塘跃锦鳞，槐烟径里碧波新。此中境既无佳境，他处春应不是春。金榜真仙开乐席，银鞍公子醉花尘。明年二月重来看，好共东风作主人。”好一句“此中境既无佳境，他处春应不是春”，曲江宴上的风流，及第进士的得意，唯有孟郊“春风得意马蹄疾，一日看尽长安花”能与之呼应。

曲江宴规模如此，自然也需要相应的组织筹备。据《唐国史补》所载，当时负责筹办曲江宴的是长安城内一群“自相鸠集”的游手之民，主管名为何士参，其组织则自称“进士团”，又称“团司”。钱易《南部新书》中有“进士团”的市场化运作方式：“一春宴会，有何士参者都主其事，多有欠其宴罚钱者，须待纳足，始肯置宴。盖未过此宴，不得出京，人戏谓‘何士参索债宴’。”

这里的“一春宴会”应当不止曲江宴，也就是说新录进士的春季宴会活动均由“进士团”代办，何士参先行预垫费用，直到关宴时将欠账结清。

长安的“一春宴会”名目繁多，其中恐有不少寒门进士无钱置宴，往往还要举债还款，以至于闹出了“何士参索债宴”的典故。进士的这一境遇直到后唐天成二年（927年）才改变，后唐明宗李嗣源敕令“新及第进士有闻喜宴，逐年赐钱四十万”，闻喜宴由此也真正变成了朝廷赐宴。

琼林宴：两宋的天子门生

唐朝的关宴需由进士自己醵金设宴，五代、两宋时期渐变为朝廷赐宴，其背后的政治脉络颇为复杂。在经历了漫长的战乱年代后，中原王朝的文臣武将系统步入了一个转型期，至宋朝后文人当政的倾向日趋明显，这一群体与政治的关系也远非唐朝时期所能相比。与此同时，宋朝亦针对科举制进行了变革，皇帝主持殿试成为常制，这一方面提高了文人的殊荣，另一方面所有及第进士都成了“天子门生”。既然开科取士背后是皇恩浩荡，那由皇帝对及第进士赐宴就再合适不过了。

殿试后，皇帝依进士名次赐宴于琼林苑，这便是日后常见于戏曲中的琼林宴之名的由来。不过，琼林宴之名有些反复，《宋史·乐志》载："政和二年，赐贡士闻喜宴于辟雍，仍用雅乐，罢琼林苑宴。"可见政和二年（1112年）琼林宴又曾更名为"闻喜宴"。那么问题来了：唐朝时关宴因设于曲江池而得名曲江宴，宋朝因地设宴命名为琼林宴，如果要恢复宴名，为何会采用"闻喜"之名？

这里要细究一下闻喜宴与关宴的区别。李焘《续资治通鉴长编》中载："唐时礼部发榜之后，醵饮于曲江，号曰'闻喜宴'。"可见闻喜宴是新进士初发榜时举行的宴饮活动；而关宴直到在吏部关试之后才举行。宋朝君王既然要将金榜题名与皇恩浩荡相结合，自是于皇帝御宣登科进士名次后直接赐宴为佳，更不必说此时正值新进士初闻放榜的消息，其喜悦激动之情也最为强烈。

因此，宋朝将琼林宴复名为闻喜宴，有其更深的政治诉求。值得一提的是，唐朝的闻喜宴、关宴均设于曲江池，两者又都与科举相关，相似的举办地点、目的和参与者相互重叠，导致闻喜宴、曲江宴、关宴这三个概念在后人眼中往往容易被混淆。事实上从后唐"新及第进士有闻喜宴、关宴，今后逐年赐钱四十万"这一道敕令中就能看出，闻喜宴与关宴并不相同。

琼林宴的菜单并没有流传下来，但琼林苑与曲江池却可以作比。琼林苑位于宋都汴京，宋初始置，直至徽宗时才最终建成，其建造历程几乎贯穿了整个北宋。正如其名称那样，琼林苑堪称人间仙境。孟元老《东京梦华录》中描述了琼林苑的风光：孟元老《东京梦华录》中描述了琼林苑的风光："大门牙道，皆古松怪柏。两旁有石榴园、樱桃园之类，各有亭榭，多是酒家所占。苑之东南隅，政和间创筑华觜冈，高数十丈，上有横观层楼，金碧相射，下有锦石缠道，宝砌池塘，柳锁虹桥，花萦凤舸，其花皆素馨、茉莉、山丹、瑞香、含笑、麝香等闽、广、二浙所进南花。有月池、梅亭牡丹之类，诸亭不可悉数。"设宴之地已经富丽如此，琼林宴有多丰盛也就不难想象了。

结语

无论是唐朝的"一春宴会"，还是宋朝的琼林宴，可谓既源于乡饮酒礼，又与时俱进演化出了更深的内涵；而由唐至宋，科举宴由进士自行设宴变成由天子赐宴，背后又能细究出多少"一朝天子一朝臣"的细节。

宋室南迁后，仍沿用琼林宴之名。南宋灭亡后，为进士赐宴的习俗虽然保留了下来，但终究物是人非。元代改琼林宴为恩荣宴，设于翰林院；明宣德后赐宴于礼部，清代因袭。明清两朝的恩荣宴虽然也称得上华丽，但气氛严肃，繁文缛节，远不复唐宋时期尤其是唐朝时的自由气象。晚清时分，随着朝廷的衰败，恩荣宴更无“恩荣”可言。

商衍鎏《清代科举考试述录及有关著作》中提及了这一宴会风俗的没落：“主考、监临、学政、内外帘官、新科举人皆与宴……然后以次入座开宴。乾隆前犹丰席盛馔，礼乐彬彬，后则清酒一尊，肴仅形式，歌《鹿鸣》之章作魁星舞。歌舞甫歇，而抢宴者又纷起，相沿成习，禁亦不止。”

时也，势也。从“此中境既无佳境，他处春应不是春”到“禁亦不止”的抢宴习俗，延续千年的科举制走到了终点，而中国也迎来了一个崭新的时代。

特展四　狱谳的规矩

狱谳的规矩

偰匜的肚子：
人类最古老的法律“萌兽”

“齐侯子行”青铜匜
中国国家博物馆藏

古人眼中的正义观和道德观是什么？为了实现这些正义与道德，他们制定了怎样的律法与刑罚制度？他们如何推行这些制度，并在此基础上做了怎样的审判？千年之后的我们当然不可能直接去询问古人，只能通过一件件法律文物来推测已经远去的世界。将我们的疑问当作考题，那各个文明交出的答卷就是其最为古老的法典和判例：古罗马人交了《十二铜表法》，古巴比伦人交了《汉谟拉比法典》，苏美尔人交了《乌尔纳姆法典》……那中国人呢？答案是一只肚子里“有料”的“萌兽”——偰匜。当然，“萌”只是它的外表，偰匜背后的周朝律法，依然少不了严酷凌厉。

如果将制度视为社会运作的基础，那人类文明史也是一部法典史。镌刻或书写于各种材质上的法典记录了人类社会曾经的运行方式，让后人沉浸在过往荣光的时候得以管窥那些已遗失世界的肌理。古人眼中的正义和道德是什么？他们如何看待罪行，又为此设计了多少刑罚？他们如何把那些富有神秘气息的条文推行至普罗大众的世界？

面对这一系列问题，不同文明给出了自己的答案。公元前5世纪中国的《法经》和古罗马的《十二铜表法》、公元前18世纪古巴比伦的《汉谟拉比法典》、公元前21世纪苏美尔的《乌尔纳姆法典》……这些人类法制史上无法跨越的法典用不同的文字展现了各自文明的独特气质，同时也让后人感受到人类早期法律制度的残忍凛冽，如《汉谟拉比法典》中常见的“挖眼”“断骨”刑，或是中国三代时期通行甚久的墨、劓、剕、宫、大辟“五刑”曾普遍出现于多个文明的法典中。这些法律文件在拓展着人类法制史上限的同时，也在拓展着人类血腥程度的上限。

在这样的氛围里，中国最古老的“青铜法典”㑷匜就显得有些可爱了。当然这里的“可爱”指的不是其内容——作为比《法经》还古老的法律文件，㑷匜上的文字中也出现了关于“鞭刑”“墨刑”的相关记载；而是作为一件青铜器，承载着这些残酷字句的㑷匜却偏偏有着一个可爱属性极强的外形，为人类古老的法制岁月留下了一笔不一样的印记。

这个“萌兽”很厉害

相比于中国法律文化的图腾獬豸，倗匜无疑更像是一头“萌兽”。倗匜在1975年2月于陕西岐山出土，西周制成，青铜材质，长椭形，盖前端为虎头，四足为羊蹄，鋬手为兽首屈舌，盖面为琵琶形。从文字描述来看，倗匜似乎应当给人以狞厉威严之感——在其被铸造之初也一定如此——但随着人类审美数千年的变迁，这种狞厉威严以今人的眼光来看反而有些“反差萌”：一只青铜“小羊羔”，却配了一个面目狰狞且威严的兽头盖子，更有趣的是虎头处张着的嘴如同倗匜在咧嘴而笑，实在让人忍俊不禁。

倗匜属于匜。匜是先秦时代重要的礼器之一，主要用于“沃盥之礼”，其功用几经流变，最后定型为舀水器，与后世的瓢相似。“奉匜沃盥”是先秦诸多礼仪中非常重要的一环，《春秋左氏传》中“晋公子重耳之亡”的故事里曾讲到这样一个情节：“秦伯纳女五人，怀嬴与焉。奉匜沃盥，既而挥之。怒曰：‘秦晋匹也，何以卑我？’公子惧，降服而囚。”这里讲的是重耳在娶亲的“奉匜沃盥”这一环节，没有等怀嬴将毛巾递上就先挥手甩水，便被认为是对女方的大不敬。虽然这一段故事背景特殊，但可以看出“沃盥之礼”以及承载这一礼仪的匜在先秦人心中有多么重要的地位。

既是礼器，匜的象征性自然远远大于其实用性。汉朝之前的匜多为青铜所制，如此沉重的“瓢”用起来自然不太方便，然而这种“不方便”反而越加凸显了匜的地位，单凭一个“匜”字，也能大致了解㑇匜的历史气质。

然而㑇匜之所以被称为“青铜法典”，并非源于其“匜”的“地位”，而是因为它的“内涵”：㑇匜器盖和腹底内壁一共有一百五十七个字的铭文，这一百五十七个字不仅详细介绍了一起奴隶所有权案件一波三折的经过，还包含了本案司法官做出修改的前后两个版本的判词。也就是说，㑇匜这头“萌兽”的肚子里藏着我国目前发现的最早、最完整的案件实录以及判决文书。

仅仅是这一项已经非常难得，而更难得的是这些铭文以短短的篇幅将当时的法律体系、刑罚规范、诉讼程序甚至是法官的自由心证都清晰地传达了出来，为后人研究西周时期的法律制度提供了珍贵的资料。

关于这类铭文的价值，郭沫若有一段精辟的论述：“（文字史料）已屡经传写、屡经隶定，简篇每有夺乱，文辞复多窜改，作为史料，不无疑难。而彝铭除少数伪器触目可辨者外，虽则一字一句均古人之真迹也。是其可贵，似未可同列而论。”

这里的“彝铭”指的就是青铜器上的铭文，因祭祀用器又称彝器而得名。与文字史料容易被后人误改、窜改不同，这些铭文刻于金属之上，历久弥坚，故均是古人之真迹。据考证，㑇匜大约制于周厉王或周宣王时期，至其出土时已经在陕西岐山的窖穴中埋藏了二千八百余年——可想而知，㑇匜所呈现的一字一句里饱含着中华民族多少厚重与沧桑的历史。

“萌兽”肚里有什么料

㑇匜的盖铭及释义

那么，㑇匜肚子里到底有什么料，能让后世的学者如此惊艳呢？随着岁月与文化的变迁，这段铭文如今读来与“㑇匜”这个名字一样生僻拗口，学术界对其断句、表意等也没有达成一致意见。不过，我们可以从中国国家博物馆的展品简介中了解到这段盖铭的大概内容。

从这一故事中可以清晰地了解到案情经过：牧牛与其上司朕因为五个奴隶的归属提起诉讼。法官伯扬父认为其诬告上司，命其返还五名奴隶并起誓不再为此事提起诉讼。按律，牧牛会受鞭刑一千及墨刑，但伯扬父赦免了牧牛的五百鞭，另外五百鞭改为交罚金三百锾。牧牛立誓并缴纳罚金之后，朕将这一文书刻到了㑌匜之上。

㑌匜铭文的具体释义在细节上尚有争议，比如有学者认为并不是让牧牛返还五名奴隶而是他的誓言必须让五个人相信才会生效，伯扬父赦免牧牛不是一次而是两次，等等。不过依通说，大致可以将其定性为“牧牛诉朕奴隶所有权纠纷案”。同时，因为中国古代法制有“民刑不分，诸法合体”的特征，这个民事案件到最后居然触及了刑律，甚至一度要动用墨刑，西周法律之严酷，由此可见一斑。

案情大致了解了，判决文书也明确了，那这段铭文还有什么非凡之处呢？所谓“外行看热闹，内行看门道”，从㑌匜铭文这一段小小的案例中，其实能分析出西周法律制度乃至社会制度的诸多细节。

倗匜背后的时代命题

倗匜铭文看似是一个普通的民事转刑事案件，但其实案情的关键不在于“诬告”，而在于这是一场“以下犯上”的诉讼。

这里的原告——同时也是被告人——牧牛不是人名而是官职名。《周礼·地官司徒》中有关于“牧人”“牛人”的记载，牧牛应当是管理祭祀中“六牲”的中下级官员。朕是人名，铭文中明确其官职为“师”，一个推测是朕可能是《周礼·夏官司马》中记载的“牧师”，纵然不是这样的高官也依然是牧牛的上司。

伯扬父判牧牛败诉的原因也在这里：“汝敢以乃师讼！”言下之意，下级官员与上司争讼本身就是违法的。周朝实行以宗法等级为基础的分封制，《左传》中将其概括为“天子建国，诸侯立家，卿置侧室，大夫有二宗，士有隶子弟”。牧牛与朕争讼，大致相当于“士”与“卿”争讼，当然要严惩不贷。

在“以下犯上”即为罪的时代背景之下，牧牛无论是否败诉，这个民事案件都会自然转化成刑事案件，所以伯扬父直接对牧牛进行判刑：鞭一千、墨刑。“鞭”好理解，那“墨”作何解呢？

奴隶制下的周朝刑罚极为严酷，其“五刑”包括墨、劓、刖、宫、大辟，墨刑最轻，是指在犯人脸上刺字，然后“以墨窒之”，使其成为犯人一生的耻辱印记。不过在这一案件中，牧牛最终没有被施以墨刑，因为伯扬父马上对牧牛进行了“大赦”，用财产刑代替了牧牛本应承担的肉刑。

赦免是一项历史悠久的法律制度，主要包括大赦和特赦，分别针对不特定或特定犯人实施，“十恶不赦”中的“赦”即指赦免，意为十种重罪不能被赦免。本案的赦免仅针对牧牛一人，用法近乎法官的自由裁量权，与赦免制度并非同一概念。

大赦也是中国历朝均有的一种法律制度，多在皇帝登基、更换年号或是立皇后、太子等情况下由皇帝发出，借以施恩。不过大赦通常针对不特定的犯罪嫌疑人，而本案中伯扬父的大赦仅针对牧牛一人，故这里的大赦更近乎法官的自由裁量权。

有趣的事情来了：伯扬父以财产刑代替肉刑，于是牧牛交了三百锾罚金，那这些罚金去向何方了呢？有学者提出是进了伯扬父自己的腰包，并认为这同样也是中国最早的明文记载的官员“受贿”案。其实这一推断有诸多不合理之处：本案当着周王之面审理，伯扬父在这样的情况下“受贿”而改判，未免也太肆无忌惮了；纵然伯扬父明火执仗，也不会命令属下记录在册，更不会任由朕记载在青铜器上留于后世。

所以合理的解释是，对犯人科以罚金以免除肉刑是西周时期正常的法律制度，而这也有明确记载。《尚书·吕刑》中有言：“墨辟疑赦，其罚百锾，阅实其罪……大辟疑赦，其罚六百锾，阅实其罪。”所以不同刑罚转换成不同数额的罚金可谓早有定制，而转换的条件便是“疑”。

所谓“疑”，就是案情不能排除合理怀疑，即依已有的证据不能确定犯罪嫌疑人是否真的构成犯罪。现代刑法以“罪疑从无”为原则，西周时期则是“罪疑从轻”——还是要“阅实其罪”，但可以转换成较轻的罚金。当然前提是犯罪嫌疑人有足够的支付能力，牧牛毕竟是下级官吏，换作普通百姓，恐怕伯扬父也不会施以大赦了。

结语

严格来说，倗匜铭文只是一个判例，但是这个判例如同一个万花筒，每换一个角度就能看到不一样的颜色。比如本案审理的地点是周王的行宫，这可能意味着西周时期有重大案件向国君上报的制度；又如牧牛与朕均“出庭”，表明了当事人双方出庭的原则；再如伯扬父在案件审理后令下属记录在册，更成为当时已有司法档案的明证……

相比于中国传统司法神兽獬豸，倗匜的外形也有其非凡之处：兽头与羊足无疑与獬豸神形俱似；繁体汉字中的“法”为“灋”，《说文解字》中云：“灋，刑也，平之如水，从水、廌，所以触不直者，去之，从廌、去。”而匜又是盛水的器皿，这其中的巧合也着实意味深长。

㑇匜铭文被誉为“青铜法典”可谓实至名归，但这些考据与推测只是冰山一角。毫无疑问，这头“萌兽”的肚子里还有更多秘密，只待时机合适，它就将向世界娓娓道来。

延伸阅读

中国不是判例法国家，从这个角度来看，㑇匜这个古老的判例似乎有些特别甚至另类。但事实上，一切法律制度的建构都不可避免地取材于具体案例——尤其是那些具有代表性的经典案例。直到当下，最高人民法院、最高人民检察院还会发布一批批的指导性案例。虽然这些指导性案例并没有被镌刻在青铜器上，但它们无异于新时代的㑇匜，在为当代法律人提供指导的同时，也为后世保留了时代的印记。

狱谳的规矩

獬豸的决疑：

并不存在的东方神判

如果说西方法律文化中的图腾是正义女神，那中国法律文化中的神灵则非獬豸莫属。“法”的繁体字为“灋”，《说文解字》中曾有如下解读：“灋，刑也，平之如水，从水；廌所以触不直者去之，从去。”“平之如水”和“触不直者去之”都好理解，那廌是什么呢？其实它就是中国的法律神兽獬豸——直到今天，很多法院还会在广场或大厅放置一尊獬豸雕像。很多法律学者都愿意通过獬豸与正义女神的不同来解读中西方之间法律文化的差异：中国的獬豸有一双火眼金睛，能够判断是非曲直；而西方的正义女神却要蒙着眼，以此寻求公正。前者更注重实质正义，而后者更注重程序正义，这种差异一直贯穿中华法系、欧洲大陆法系与海洋法系的发展，那事实果真如此吗？

清徐定超御史蟒袍补子（上绣獬豸以示公正）
温州博物馆藏

如果说欧美地区法院门前的标志性建筑是正义女神像，那在中国法院则通常是一尊与麒麟相仿但头上只有一只角的神兽雕塑，这尊神兽便是獬豸。

獬豸背后有着怎样的故事，能让它在当代中国司法体系中依然占有一席之地？这只神兽又何以成为中国法律人的图腾，在千年之后依然指引着司法者前进的方向？

中国神仙体系中的异类

中国传统神仙体系几乎完美复刻了俗世面面俱到而又等级森严的政治制度：天上有周天星君、南辰北斗；地下有十殿阎王、判官无常；人间有五镇四渎、诸洞仙神。不过在这些神佛中，最能代表法律与正义的神祇反倒不是居高位、着官袍的“王侯将相”，而是一只名为“獬豸”的神兽。

獬豸又称“廌”“触邪”“直辨兽”“任法兽”。对于其体形特征，各古籍记载不一，如许慎《说文解字》中记载其“似山牛”，王充《论衡·是应》将其视为“一角之羊”，[①]后世亦有称其“似鹿”“如麟”者。作为一个神话生物，对獬豸的外形众说纷纭似

---

① 《论衡》中所用称呼为“觟䚦”，即獬豸。

乎也属正常，而其能辨曲直的能力却为各家所公认：獬豸见人争斗时能以其独角触“不直”者“助狱为验”，故成为法律公平正义、法官明察秋毫的象征。在中国民间传说中，獬豸被誉为“司法鼻祖”，助尧舜禹推行五刑的皋陶在“判决有疑”时便求助于獬豸，在这里，獬豸所代表的神性成为人类智力穷尽时的最后依托。

獬豸的重要性从汉字“法”字的构成也能看出来——“法”古作“灋”，可以拆分成“水”“廌”“去”三字，这里的“廌”正是獬豸。《说文解字》中曾有如下解读：“灋，刑也，平之如水，从水、廌，所以触不直者，去之，从廌、去。”这里不仅指明了獬豸与法律的关系，也指明了獬豸“触不直者去之”的洞察力。

至少在春秋时期，就已有诸侯国将獬豸的形象融合至官员舆服中了。据《后汉书·舆服志》所载：“獬豸神羊，能别曲直，楚王尝获之，故以为冠。”这里的楚王指楚文王熊赀，獬豸冠相传是熊赀依据獬豸的特征制作的。秦汉之后，獬豸冠一直作为执法者的冠帽流传于后世，故而又得名法冠。

不难看出，獬豸与法律之间的联系早已具化到了中国的文字与服饰文化中，中国人以獬豸为法律的象征自然也不足为奇了。

“触不直者去之”六个字看似简单，实际却包含了审判与惩治的双重含义。“触不直”是审判，而“去之”是惩治，其中包含了主动司法、审执合一的中国传统司法精神——这不仅仅是中国文化所特有的倾向，欧洲文化中的正义女神朱斯提提亚

（Justitia）也是一手持天平，一手持利剑，个中含义倒比獬豸更为直观。

在中国神仙体系中，作为一个“职业型”神兽的獬豸还真是一个异类。一方面，中国民间信仰有着极强的世俗倾向，所拜神祇大多与明确诉求相勾连，如财神、寿星、灶王爷之类，再如管仲、关羽等“职业化”倾向明显的神祇，也大多保一行一业之平安，如獬豸这般以“别曲直”为单一诉求的崇拜几乎是绝无仅有的。另一方面，中华法系与欧洲两大法系不同，在其漫长的发展过程中并没有孕育出发达而持久的“神判”传统。那么问题来了：獬豸这一形象是如何产生，又是如何在中国传统神话中“立足”并成为法律精神图腾的呢？

一起发生在齐国的诉讼案

关于獬豸最早的记述，应当出于《墨子·明鬼》中一则关于“王里国、中里徼”的故事。说齐庄君手下有王里国、中里徼两位臣子产生了争执，“讼三年而狱不断”——不妨将其称为“王里国诉中里徼案”。齐庄君无奈，于是求助于“神判”：

昔者齐庄君之臣有所谓王里国、中里徼者，此二子者，讼三年而狱不断。齐君由谦杀之，恐不辜；犹谦释之，恐失有罪。乃使二人共一羊，盟齐之神社。二子许诺。于是泏洫，摇羊而漉其血。读王里国之辞，既已终矣；读中里徼之辞，未半也，羊起而触之，折其脚，祧神之，而槀之，殪之盟所。”

从中可以看出两位当事人借助“神羊”进行神判的程序：王里国在陈述其“诉讼请求”时，“神羊”没有反应；等中里徼陈述其“答辩意见”的时候，话未说完，“神羊”便“起而触之”，将他的脚折断了。这个故事点明了獬豸的众多元素：“羊”与獬豸的体貌特征相呼应，“羊起而触之”“折其脚”又分别与《说文解字》中的“触不直者”“去之”相呼应。所以，这则故事基本能够诠释獬豸的起源正是以羊为载体的“神判”。

然而，矛盾也恰恰出在这里。古代欧洲以天主教传统为主流，结合各民族不同文化渐次发展出了诸如沸水神判、冷水神判、热铁神判、吞食神判林林总总的神判法，如果中国早在战国时代就已经有了发达的神判传统，并且以此为原型形成了对獬豸的崇拜，那为什么在日后的司法发展历程中并没有发展出如欧洲那般发达的神判体系，反而只留下了獬豸这一文化符号中的意象呢？

其实中国古代司法模式的确与“神判”相异，其决疑的基础不是神灵之意而是诉讼双方的言辞证据——当然，在证据规则还不完备的时期，是以言辞为主体的。以控辩两造的言辞定罪的程序，在《尚书·吕刑》中被称为“五辞”：“两造具备，师听五辞；五辞简孚，正于五刑。”《周礼·秋官司寇》称为“五听”：“以五声听狱讼，求民情：一曰辞听，二曰色听，三曰气听，四曰耳听，五曰目听。”对此，初唐经学大师孔颖达的疏解释得极为详尽：

“凡断狱者，必令囚之与证两皆来至。囚证具备，取其言语，乃与众狱官共听其人五刑之辞。其五刑之辞简核，信实有罪，则正之于五刑，以五刑之罪罪其身也。五刑之辞不如众所简核，不合入五刑，则正之于五罚。罚谓其取赎也。于五罚论之，又有辞不服，则正之于五过，过失可宥，则教宥之……各得其辞，乃据辞定罪。与众狱官共听其辞，观其犯状，斟酌入罪，或入墨劓，或入宫剕，故云‘听其入五刑之辞’也。”

《尚书》与《周礼》同列于儒家十三经之中，成书年代更早且相互佐证，其可信度应当高于《墨子》中的“王里国诉中里徼案”。从思辨方式来看，“五辞”“五听”代表了更为先进的辩论式“决疑”，这一模式明显要比神判法更为先进，而在一个更为先进且成熟的诉讼模式下，很难相信人们会退回选择神判法。

对此更具代表意义的是《史记·循吏列传》中记载的“李离伏剑”这一典故。李离为春秋时期晋国的法官，因断案失误错杀好人而判自己死罪。当时晋国国君正是晋文公重耳，他劝李离“下吏有过，非子之罪也”，李离的答复则是：“理有法，失刑则刑，失死则死。公以臣能听微决疑，故使为理。今过听杀人，罪当死。”

从中可以看出两点：一是晋国关于法官审判责任的法规已经相对完备，正所谓“理有法”；二是法官审判依靠的是听微决疑，这里的“听”自是“五听”，在“听”的基础上“失刑则刑，失死则死”，完全没有神判法或是獬豸存在的空间。如果说晋国的法律制度已然如此发达，那同为“春秋五霸”之一的齐国会如《墨子》所说的那样服从于“神判”吗？

中国的獬豸与欧洲的神判法

其实答案可能也很简单。首先《墨子·明鬼》引用这一故事只是为了证明鬼神的存在而非“神判”，“王里国诉中里徼案”的重点在于“明鬼”而非“神判”；其次“王里国诉中里徼案”的前提是“讼三年而狱不断”——如果一个案件经历了三年法官还无法决疑，那说明以当时人类的智慧已经很难确定案件的结果。这种局面或者导致法官拒绝裁判，或者只能将正义的标尺交付给神判。

在“王里国诉中里徼案”中，作为法官的齐庄君一开始也是选择了拒绝裁判的，理由便是“由谦杀之，恐不辜；犹谦释之，恐失有罪”。但为了不至于让个案处于一种不确定的状态才最终选择了“神判”。獬豸出场时距案件发生已经过去了三年，是齐庄君在无法通过“五辞”“五听”决疑的情形下使出的“没有办法的办法”。

所以，《墨子·明鬼》中的故事不仅不与《尚书》《周礼》《史记》中的记载相冲突，反而可以说明在“五辞”“五听”这一裁判制度已经相当成熟的法治环境下，神判法的使用只是一种带有无奈色彩的补充。獬豸所解决的问题与其说是“别曲直”，倒不如说是避免司法裁判中偶然出现的“不确定状态”。

从这一层面进行考量，甚至可以进一步说獬豸决疑并不是欧洲文化意义上的神判。欧洲文化中的神判建立在完整的三段论基础之上。

大前提：神是全知全能的，神的判断一定正确。

小前提：神对某一案件的判断可以通过“特定的方式”体现出来。

结论：通过“特定的方式”可以知晓神对某一案件的正确判断。

而“特定的方式”指的自然便是各种各样的神判法。要申明的是，在人类刑侦技术与审判技术并不发达的时代，神判法的确有其实用上的优越性。首先是一定能得到一个确定的结果，从而消除案件的“不确定状态”；其次是成本低、效率高；最后是成熟的神判法所能达到的两种结果机会均等，所以也相对公平，能让控辩两造都易于接受。

当然，这些优越性的前提是刑侦技术与审判技术的落后。当人类文明发展到能够通过用理性的方式决疑的阶段时，“神判”自然会渐渐退出历史舞台。13世纪，随着欧洲各国法定证据制度的日益完善，教皇英诺森三世下达神判禁令，取而代之的是证人证言等制度，与中国古代以“五辞”“五听”进行决疑的制度不谋而合——从司法制度的建设上来看，或许又是中国人领先了欧洲一千余年。

结语

有趣的是，带有“神判”色彩的“獬豸决疑”在中国传统文化中渐渐转化成了法律的图腾。这一趋势很可能发生在汉朝，因为最早提及“獬豸”二字而不是这一物种的典籍，基本均成书于两汉时期，除了《说文解字》，还有扬雄的《太玄经》、司马相如的《上林赋》、杨孚的《异物志》等。不过，这也仅仅是文化意义上的图腾而已，中国历朝历代并没有因为獬豸崇拜而滑入“神判”的渊薮，而是继续以“五辞”“五听”等制度为基础，构造了蔚为大观的中华法系。

从司法制度上来看，獬豸崇拜似乎算是一种“退步”，不过从追求公平正义的民族精神来看，这又何尝不是一种美好的期待呢？毕竟，獬豸背后屹立的并不是神的旨意，而是越来越健全的法律制度。

狱谳的规矩

明镜自高悬：
一块匾额的多重解读

六山纹青铜镜
中国国家博物馆藏

歌颂清官能臣的词语有很多，如“两袖清风”“早朝晏罢”“铁面无私”……然而古代官衙公堂上方的匾额，“出镜”最多的却是“明镜高悬”四字。为什么古往今来的官员都对这四个字青睐有加呢？这背后倒能找到一个典故：传说秦始皇曾有一枚神镜，能够照出人的五脏六腑和疾病，甚至照出邪念。中华法系一向注重实质正义，要求官员有分辨是非曲直的能力，如此看来“明镜高悬”匾与公堂的气质倒也契合。不过，要是你以为这就是“明镜高悬”匾的全部，那就大错特错了。恰如古代行政官员身兼包括法官在内的多重职能一样，“明镜高悬”四字也包含了儒、释、道三教的多重意象，明察秋毫、量刑定罪与斩妖除魔，可谓“一个也不能少”。

古代中国的政府、法院、检察院，甚至“父母官”的宅院，事实上都是同一个地方——官署，也就是民间常常说的“衙门”。作为一个机构，衙门是封建秩序下的官秩品级和律法规制的真实写照；而作为一个空间，衙门内部的一砖一瓦、一门一窗，也在这种等级森严的时代背景下，孕育出别具古韵的法律图腾。

这种“法律图腾”是什么样子的呢？存世的古代县衙公堂给了后人相对统一的答案：“肃静”“回避”牌分立两侧，中间放置“县官老爷”处理政务的公案。公案上摆着文房四宝、令签和惊堂木，公案背后则是象征着官员“清似海水，明如日月”的朝日图。其中最显眼的，自然是公堂上方悬挂的匾额，匾额上书四个大字：“明镜高悬”。

在这些林林总总的摆设中，“肃静”“回避”牌、公案、惊堂木等什物都有着明确的实用意义，海水朝日图的喻意也十分明显，唯有高高在上的“明镜高悬”匾，让人无法一眼看透。形容为官清廉、刚正的典故有很多，为什么唯独“明镜高悬”被官员广泛接受？比起“两袖清风”“早朝晏罢”“铁面无私”等成语，“明镜高悬”又有什么特别的含义呢？

答案就出在“明镜”二字上。“明镜高悬”事实上应写作“秦镜高悬”，这里的“秦镜”特指秦始皇嬴政所持的一面神镜。《西京杂记》中有这样一个故事：“（汉）高祖（刘邦）初入咸阳宫，周行库府……有方镜，广四尺，高五尺九寸，表里有明，人直来照之，影则倒见。以手扪心而来，则见肠胃五脏，历然无碍。人有疾病在内，则掩心而照之。则知病之所在。又女子有邪心，则胆张心动。秦始皇常以照宫人，胆张心动者则杀之。”这枚秦镜后为项羽所获，之后便不见踪影。

秦镜的神奇之处在于其不仅能照出人的五脏六腑和疾病，甚至能照出人的邪念。断案需要明察秋毫，若是真有秦镜高悬于公堂之上，自然能洗冤涤屈——用现在的话来说便是秦镜能够帮助官员实现“实质正义”的理想。这样看来，官员对秦镜的青睐似乎顺理成章。

但是，如果仅仅将“明镜高悬”理解成后世对秦镜的取典，那就未免把事情简单化了。秦镜的故事只是一个引子，“镜”这一意象所代表的从宗教到文化再到法律层面的深刻意义，才是“明镜高悬”四字真正的核心。

宗教之镜：儒释道的三面镜

在古代中国人的生活中，镜不仅仅是一件器物，更包含了复杂的民俗内涵。汉朝人通过在铜镜上刻下“长宜子孙”等铭文祈求子嗣繁衍。唐玄宗在千秋节常赐臣子花绶镜，以应长寿。婚嫁礼仪中也不乏镜的身影，隋唐之际，新婚夫妇会共结“镜纽”，取“结发夫妻”之意，这一习俗大量见于唐诗之中，如韦应物的“荆山之白玉兮，良工雕琢双环连，月蚀中央镜心穿。故人赠妾初相结，恩在环中寻不绝”，长孙佐辅的“忆昔逢君新纳聘，青铜铸出千年镜”等。

镜的寓意有子孙兴旺、长寿、百年好合诸般，但最具神力的“功能”，还是其能鉴照人心。在民俗文化中，不仅嬴政的秦镜可以“见肠胃五脏”，普通的镜也能照出魂魄、邪魔，以至于不少医家都将镜视为辟邪厌胜的良方。如李时珍便将古镜列入《本草纲目》中，称其有“辟一切邪魅，女人鬼交，飞尸蛊毒”的功效。以镜治病的手法听起来有些怪力乱神，但却能清晰地折射出镜在古人眼中所代表的意象。

这些民俗看似与公堂之上的“明镜高悬”没有联系，实则草蛇灰线，伏脉千里。回到秦镜，《西京杂记》的作者葛洪是道家中人，而镜也是道教中的重要法器。道士打醮作法、入山寻仙、修炼道法时均会佩镜，其中以入山佩镜最具象征意义。

道士入山佩镜是用于“照妖”。正如《抱朴子·登涉》所言：“万物之老者，其精悉能假托人形，以眩惑人目而常试人，唯不能于镜中易其真形耳。是以古之入山道士，皆以明镜径九寸以上，悬于背后，则老魅不敢近人。或有来试人者，则当顾视镜中，其是仙人及山中好神者，顾镜中故如人形。若是鸟兽邪魅，则其形貌皆见镜中矣。”道教信徒相信利用镜可以使各种妖魔显露行踪，因为妖魔可以假托人形，却无法改变镜中的真身，这未免不是属于道家的“明察秋毫”。

道教的镜可以“照妖”，而佛教的镜则可“观业”。在佛教中，还有一种可以照射众生善恶的业镜，人的所作所为在业镜前均无所遁形，正如《楞严经》所言：“如是故有鉴见照烛，如于日中，不能藏影。”

“观业”的下一步，自然是赏善罚恶。《正法念处经》描绘了一个名为“镜林”的地方，这里的树如明镜般纯洁无垢，步入者可以借其观见自身的善恶业相。有善业者见善报，有恶业者则见苦报。在善有善报、恶有恶报的轮回观念中，明镜之林成了对人一生行为进行审判的工具，这一意象已经与俗世中的公堂颇有几分相似。

业镜因其独特功用渐渐成为地狱的象征。佛教有“三长斋月”之说，因为正、五、九月冥界业镜轮照南洲，尽现世人善恶，故要严持斋戒。《佛说观佛三昧海经》亦谈及地狱小鬼用明镜辅助审判的场景：“狱卒罗刹，应声即至，化为侍者，执明镜示语罪人言。”在佛教神话中，诸天与冥间掌权者借明镜鉴照人类善恶以“量刑定罪”的喻义，非常明显。

儒释道三教中，与镜渊源最浅的反而是占主流地位的儒家。关于镜最著名的典故大约要数唐太宗李世民的“夫以铜为镜，可以正衣冠；以史为镜，可以知兴替；以人为镜，可以明得失”，不过很难将此处对镜的比喻视为“明镜高悬”底蕴的一部分，因为官员在公堂断案之时，明显还需要更深刻、更具仪式感的内心信念。如果后世的“明镜高悬”四字是直接取自富有道家色彩的秦镜典故，那匾额背后的宗教色彩就不言而喻了。

文学之镜：传奇里的绝世宝镜

如果说道教的照妖镜和佛教的业镜，在宗教层面将镜明察秋毫的意象予以固化，那历朝历代关于镜的文学作品，便将镜的寓意推向了滚滚红尘。

关于镜的小说，最早的作品是《太平御览》引《神异经》中的一则故事：“昔有夫妻将别，破镜，人执半以为信。其妻与人通，其镜化鹊飞至夫前，其夫乃知之。”在这一则小故事中，镜有了监视“契约”双方的功用，一旦其中一人背信，镜便会化成鹊通知另一方。这则故事不见于今本《神异经》，但流传甚广，以至于衍生出飞鹊镜这一“传说可以照见妻子之心”的器物。

成书于东汉的志怪笔记《洞冥记》中，亦有一则关于镜的故事：“元封中有祗国献此镜照见魑魅不获隐形。”在此处，能“照见魑魅”的镜与道家的照妖镜已无甚区别。当然《洞冥记》本具有浓浓的道教意味，其中出现道家色彩的宝物自然不足为奇。

至魏晋南北朝，有关镜的笔记小说已经比比皆是，其中便包括描写秦镜的《西京杂记》。在这些故事中，镜的功用进一步明晰，比如，《拾遗记·周灵王》中有可以暗中视物如白昼的火齐镜，《搜神后记·鹿女脯》中有可以看破两位姿色甚美的女子为鹿精的铜镜，《异苑》中有能让山鸡鉴形而舞、鸾冲霄一奋而绝的铜镜。

唐代笔记小说中甚至还能找到秦镜的行迹。在《西京杂记》中，秦镜被项羽取走后“不知所在”，而段成式的《酉阳杂俎·物异》中言“秦镜，儛溪古岸石窟有方镜，径丈余，照人五藏。秦皇世号为照骨宝，在无劳县境山”。从描述来看，这里被嬴政称为“照骨宝”的秦镜无疑便是《西京杂记》中“常以照宫人”的方镜了。

如果说魏晋南北朝时期关于镜的故事还只是一段段不成体系的奇闻摘录，那隋末唐初的《古镜记》便可以称为以镜为主角的“大制作”。这篇传奇小说中的“绝世宝镜”具有让妖魔“隐形无路”的神性，伴随着主人公王度一路斩妖除魔，先后收了狸猫精、蛇精、龟精、猿精等，甚至还帮助百姓祛除疾病。值得注意的是，小说中对镜的神性做了解释：镜中有一个名为紫珍的镜精，镜的种种法力即源于此。结合镜文化的发展与演化，与其说《古镜记》中宝镜的法力源于紫珍，倒不如说紫珍是镜的拟人化——这位镜精最擅长的照妖之术，自然源于千年来人们对镜的想象与寄托。

在此之后，神镜在日益发达的小说中更是频频出场，尤其如神魔小说《西游记》《封神演义》中的照妖镜更是常见法器。甚至在古典小说的巅峰之作《红楼梦》中，也有一面“专治邪思妄动之症”的风月宝鉴。《红楼梦》虽非神魔小说，风月宝鉴也未必是照妖镜，但从书中风月宝鉴哭道：“谁叫你们瞧正面了！你们自己以假为真，为何来烧我？”的情节来看，风月宝鉴能够洞察人性、分辨真伪的设定，依然秉承了镜文化的内核。

历朝小说中关于镜的情节设计无疑受到了道佛两家的影响，而这些小说同样在镜文化的发展中扮演了重要角色。由汉至唐再到清，镜的意象无疑与洞察人心、妖形等法力紧密结合在了一起，以此为基础再回头看公堂之上的“明镜高悬”，这四个字所指代的含义无疑会更加清晰。

法律之镜：秦镜高悬与虚堂悬镜

“明镜高悬”四字虽然明确指向了秦镜的典故，但若不从宗教与文学的双重视角来审视镜在中国文化中的意义，就很难理解为什么官员对“明镜高悬”匾额的追求一致，尤其是在儒家文化对镜的阐述相对较少的情况下。

道家有照妖镜，佛教有业镜，宗教意义上的镜与文学作品中的镜相互影响最终形成了镜与官员所追求的明察秋毫之间的互通。然而，这是不是“明镜高悬”匾额为官员所青睐的唯一缘由呢？对官员来说，镜是否还拥有其他内涵呢？

钱锺书在《管锥编》中对此颇有研究：“我国古籍镜喻亦有两边。一者洞察：物无遁形，善辨美恶，如《淮南子·原道训》：‘夫镜水之与形接也，不设智故，而方圆曲直勿能逃也’，又《说林训》：‘若以镜视形，曲得其情。’二者涵容：物来斯受，不择美恶；如《柏舟》此句（我心匪鉴，不可以茹）。前者重其明，后者重其虚，各执一边。”

依钱锺书之论，“洞察”“明”之喻无疑与秦镜的意象相合，值得注意的是“涵容”“虚”之喻。从字面意思来看，镜的“洞察”与“明”似乎扣其能够包含万物之意，对官员来说，能够明察秋毫、了解案件的来龙去脉方能准确断案，故官员的追求与镜的“洞察”“明”是相合的。然而“涵容”与“虚”做何解呢？

钱锺书在之后又有援引：“《庄子·应帝王》所谓：‘至人之用心若镜，不将不迎，应而不藏’（《文子·精诚》：‘是故圣人若镜，不将不迎，应而不藏’）……《世说·言语》袁羊曰：‘何尝见明镜疲于屡照，清流惮于惠风’；不将迎，不藏有，故不‘疲’矣。”

对官员来说，在掌握足够线索的基础之上保持“空虚”的状态，的确是克制先入为主、自以为是的重要手段。那么，镜的“涵容”与“虚”，是否也是对官员追求客观中立的阐述呢？从官员的箴言中的确能找到这样的证据，其中最具代表性的莫过于清朝袁守定的名言：“凡审理词讼，必胸中打扫洁净，空空洞洞，不豫立一见，不豫着一物，只细问详求，其情自得。若先有依傍之道，豫存是非之心，先入为主，卒尔劈断，自矜其明，转致误也。陈良翰知瑞安县，听讼咸得其情，或问何术，良翰曰：无术，但公此心如虚堂悬镜耳。盖惟虚故公，公则生明，自然当于事理而判矣。”

这段话中，虚堂悬镜所指的并非明察秋毫，而是摒除是非之心，以谋求“惟虚故公，公则生明”的境界。由此可以推断出，在公堂之上的“明镜高悬”四字不仅有明察秋毫、拨云见日之意，更有扫除成见、公则生明的追求。“明镜高悬”既是“秦镜高悬”，也是“虚堂悬镜”。

结语

在经典侠义公案小说《三侠五义》中，包青天有三宝：阴阳镜、古今盆和游仙枕，凭此三宝，包青天日断阳夜断阴，明察秋毫，断案如神。虽是戏说，但足以体现出在民间文化中镜与官员断案的联系。当然，这种联系经过了漫长历史的孕育，其中包括极为复杂的文化意象，以至于用秦镜的典故去解释“明镜高悬”的由来，显得格外草率。

综合而言，镜有其“洞察”与“明”，正合官员的明察秋毫；又有其“涵容”与“虚”，正合官员的公则生明。除此之外，镜在道教中斩妖除魔的法力正合官员堂威，在佛教中量刑定罪的引申正合官员职责。可以说，正是镜如此复杂又如此契合官员追求的意象，使得公堂之上的匾额大多被“明镜高悬”所占据。

匾额无言，曾在公堂之上仰望官员的万千百姓或许也未必能读懂其中的故事，甚至镜的文化意象也在岁月的流逝中淡化，但当后人走进那些古旧的衙门，用不解的目光与匾额对视时，依然能体会到一股庄严肃穆的神奇力量，这已然足够。

狱谳的规矩

衙门器物考：

庙堂与江湖的两张面孔

直隶总督署旧址
河北省保定市

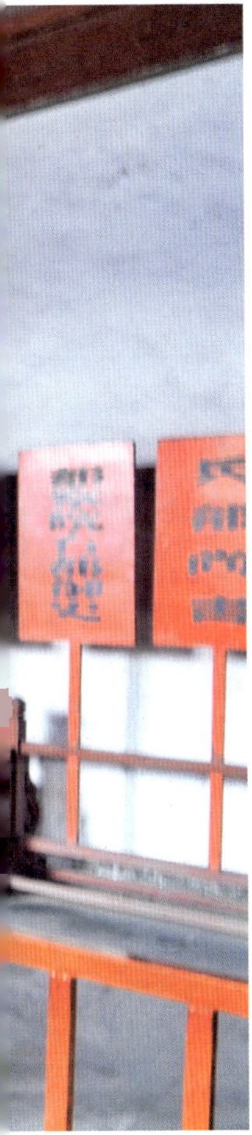

古代中国诸法合体，政府与法院都被“衙门”整合，故而法律在追求公平正义之外，自然而然也沾上了“官威”，正所谓“衙门深似海”。那么，官员是如何通过衙门器物强化自身权威的呢？这里门道可多了。升斗小民见“官老爷”，先要从八字墙开始，经过照壁、戒石坊方能入公堂。公堂背面是“海水朝日图”，公案上摆着令签、惊堂木，两边衙役手持“肃静”“回避”牌，身边又有刑杖等刑具，普通百姓一看此等场面，在对簿公堂之前怕是早已心惊胆战。不过，越“神秘”的事物就越要以平常心来审视，从行政司法的角度来看，这些法律器物毕竟以实用目的为主，褪去被大众文化夸大的“官威”，衙门之中一定还藏着一副不为大众所知的面孔。

在寻常百姓眼中，作为帝国中枢在“王土”各处权力的映射，古代中国分布于各级行政区域的官署不仅代表了“三纲五常”等封建时代的特殊传统，同时也彰显着中华法系给予司法官员的独特权威。官署的建筑格局、官员的服饰仪容、公堂的器物用具、升堂的仪式与程序……这一系列令人生畏的表象如同道道壕沟，将庙堂与江湖清晰地隔绝开来。

这似乎有些黑色幽默，因为官署在设计上并没有也不可能以隔绝百姓为目标，尤其是作为基层官署的县衙，反而凸显出“父母官”式的亲和。县衙既没有又高又陡的台阶，也没有私家宅院中常见的高墙高阁，衙门——这一称呼随着时间的流逝渐渐有了贬义色彩——正门两侧的门墙分别向东南、西南延伸，这一设计似乎更便于而不是阻碍外人寻访。从制度层面来看，历朝一向有“官不修衙”的传统，宋朝设“在司擅增修廨宇”之罪，明清亦有擅自营造官廨者“坐赃论罪”的律法。“八字衙门朝南开，有理无钱莫进来”的民谚固然流传甚广，但终究不是官署设计的初衷。

为什么如此“开放”的官署依然让百姓畏惧呢？根本原因固然源于官署所代表的权力内核，但直接原因则是其“刑以兵威”的表象，这一点从官署的俗称“衙门”就能品味出大概。“衙门”这一称呼源于“牙门”，据唐朝封演所撰的《封氏闻见记》记载：“祈父‘司马’掌武备，象猛兽以爪牙为卫，故军前大旗谓之‘牙旗’……军中听号令必至牙旗之下，称与府朝无异。近俗尚武，是以通呼公府为公牙，府门为牙门。字称讹变，转而为‘衙’也。”若将衙门等同于太平盛世中的军营，那背后的森然气息自然容易让市井小民两股战战。

所谓“衙门深似海”，一脚踏入衙门，百姓将会产生全方位的压迫感。比如提交诉状的百姓踏进衙门后需向官员下跪（当然据康有为等学者考证，跪拜之礼始于元朝：“惟元乃跪，后世从之”），而官员升堂时也有一套堂威。在戏曲中，这套堂威更具仪式感：公堂两边衙役一边以低沉的长音喊“威——武——”一边用刑杖猛戳地面制造噪声，如此排场，也不由得百姓不心生敬畏。刘鹗在《老残游记》中对这种堂威不无讽刺：“凡官府坐堂，这些衙役就要大喊小叫的，名叫‘喊堂威’。把那犯人吓昏了，就可以胡乱认供了。”

各种与衙门相关的民谚和刘鹗的小说体现了百姓对衙门腐化蜕变的深恶痛绝，但这种负面评价绝对不代表官署礼仪的原始设计理念——这就形成了衙门两张截然不同的面孔。要解释这两张面孔的不同并非易事，但通过官署的建筑、陈设与器物，依然可以一窥个中内蕴：将这些元素背后的故事碎片一枚枚拾起，拼出的图景或许便是衙门最真实的形象。

从戒石坊到肃静牌：朝廷眼中的亲民

衙门的建筑与陈设，较多保持了朝廷律法制度的本来面目，故其内涵与官方话语体系更为接近。

经过衙门门口的八字墙，最先见到的往往是照壁。照壁又称“萧墙”，早在宋金时期已多见于中原，并非衙门所独有；但衙门照壁上常刻的不是吉祥图案，而是一种在中国古代神话中也称得上“生僻”的神兽。这一神兽的名字已在现代汉语中消失，其写法为反犬旁右加一个“贪”字。这是一种状如麒麟的三足神兽，嗜吞金银财宝，尽管脚下已全是宝物还依然贪心不足妄图吞日，最终因为奔跑过急跌入海中溺亡。将这一神兽吞日的图案刻于照壁自然不是为了震慑百姓，而在于令官员戒贪。

衙门大堂，也就是公堂前，又有戒石坊，上刻《令箴》铭文。《令箴》本为五代蜀主孟昶所作，宋太祖赵匡胤摘“尔俸尔禄，民膏民脂，下民易虐，上天难欺”四句敕令各府县衙立石刻铭并护以亭，立于衙署大堂前。明清沿袭此制，而以牌坊代之，称为戒石坊。

衙门格局为“前衙后邸”，公堂为处理政务的治事之所，大多会挂官联，其内容多表述为官之道。从存世县衙的官联作品来看，这些楹联称得上言辞平实、内涵深远，且往往能突出地方特色，如内乡县衙的“治菊潭，一柱擎天头势重；爱郦民，十年踏地脚跟牢”，南阳府署的“召父劝农，杜母兴工，南阳自古多循吏；弹琴悬镜，爱莲对月，赤子从来盼好官”，霍州州署的“我虽爱民，毕竟见官非好事；尔如责己，须知恕彼得便宜”等，其内容基本不外乎爱民、清廉之意。

公堂是衙门的核心，也是戏曲、影视剧中表现衙门的主舞台。公堂正中，是官员处理政务的公案，公案背后的墙壁或屏风大多绘有“海水朝日图”，亦有“松鹤长青图”（如霍州州署）、“云燕朝日图”（如内乡县衙）等。公案左右各列“肃静”“回避”牌、官员职衔牌以及军杖等物，统称为“执事”，以壮声威。

所谓“执事”，即官员出行或民间婚丧使用的仪仗用具，衙门执事之中，“肃静”“回避”牌最具特色，同时也最容易被误解。据《清史稿·舆服志》中记载，乾隆十三年（1748年）厘定仪卫之制，各级官员配备不同仪仗，道一级“青旗四，杏黄伞、青扇各一，桐棍、皮槊各二，回避、肃静牌各二。”，县一级“青旗四，蓝伞一，青扇一，桐棍、皮槊各二，肃静牌二”，知县以下县佐“蓝伞一，桐棍二”，学官“蓝伞一”，杂职“竹板二”。可见，县以上有“肃静”“回避”牌，知县只有“肃静”牌而无“回避”牌，至县丞一级，则连“肃静”牌都没有了。知县没有“回避”牌，未必是因为知县品级较低，其意义更在于县官“与小民朝夕相处，勿使隔绝不通也”，个中仍是亲民的政治考量。

随着时间的流逝，“肃静”“回避”牌已经淡出政治舞台，反而常见于佛教仪式中，不过这种借鉴与古代官员出巡时“鸣锣开道”的礼制相似，倒与衙门内的执事关系不大了。

毋庸多言，八字墙、照壁、戒石坊、官联、屏风、执事等元素寄托了整个国家对官员秉公执法、爱民如子、大公无私等官德的期待，这也正是衙门所应当具备的官方解读。然而将视线转至民间，故事却有了另一个版本。

从惊堂木到杀威棒：说书人眼中的官威

与衙门的建筑、陈设相对，公案上的器物通过各类民间文学作品，展现出了衙门的另一张面孔。

公案之上，通常依次陈列着印玺、诰封架、装着令签的签筒、笔筒、笔架、黑红砚台、惊堂木、放告听讼的牌子等什物。诰封架放皇帝圣旨及黄绸布包裹的主官印盒，令签、黑红砚台、惊堂木为主官发号施令的工具。这些器物中，最有代表性的莫过于惊堂木。

惊堂木是官员在断案过程中震慑犯人，维持秩序的器物，与后世的法槌相似。但法槌是十足的舶来品，其前身与惊堂木无关。

作为公堂里的常设，惊堂木的来源不可考，但民间有一个与惊堂木极为相似的器物，那就是说书人用的醒木。醒木也被称为醒目、响木，是一块长方形的小硬木块。尺寸无定式，一般长一寸，宽半寸。醒木上面抹边成四个等腰梯形，共二十条边线，十个平面。平置于桌上时，其中九个平面外露，所以也叫“九方”。关于“九方”又有一说法：和尚募化十方，而说书人不挣和尚钱，只能募化九方，所以用“九方”之木。

之所以将醒木与惊堂木相比，是因为这两种器物形式上相近，而且在说书人口中，醒木本是各行各业均需之物，只是因为使用者职业不同而被赋予了不同的名称。说书人有一段著名的“醒木词”：“一块醒木上下分，上至君王下至臣。君王一块辖文武，文武一块管黎民。圣人一块传儒教，天师一块惊鬼神。僧家一块说佛法，道家一块劝玄门。一块落在江湖手，流落八方劝世人。湖海朋友不供我，如要有艺论家门。”

从中可以看出，醒木为君臣文武、三教九流所广泛使用，所谓惊堂木，则应当归类于“文武一块管黎民”一句。对此，说书界有描述得更为详细的表述，如王决《曲艺漫谈》中所介绍的“十三木归源”：皇帝所用者名“龙胆”，皇后所用者名“凤霞”，文臣所用者名“运筹”，武将所用者名“虎威”，知县所用者名“惊堂”，塾师所用者名“醒误”，说书人所用者名“醒目”，当铺所用者名“唤出”，药铺所用者名“审慎”，点心铺所用者名“茯苓”，郎中所用者名“慎沉”，戏子所用者名“如意”，客栈所用者名“镇静”。

以上种种说法不一而足。将惊堂木视为醒木的一种显然缺乏史料支撑，不过从说书人给朝廷所用醒木定的名字来看，醒木终究是彰显官威的器物。纵然惊堂木与醒木终非同源，但从文化层面来看，说书人所代表的民间文化已经将惊堂木纳入了醒木的体系——“龙胆”“运筹”“虎威”“惊堂”等称呼，与其说是“戏说”，不如说是民间对衙门甚至朝廷印象的具象化。

“彰官威”的另一面是“杀民威”，这就又要提到常见于公案小说中的“杀威棒”了。

关于“杀威棒”，最著名的典故莫过于《水浒传》中曾让林冲、武松和宋江折腰的“一百杀威棒”。据书中所述，“太祖武德皇帝旧制，但凡初到配军，须打一百杀威棒”——这里的太祖武德皇帝是指宋太祖赵匡胤，其谥号全称为“启运立极英武睿文神德圣功至明大孝皇帝”。虽然《水浒传》里将“杀威棒”的起源说得分明，但史书中并不见“杀威棒”的记载，与之相应的是自秦以降所流传的“笞刑”（秦时的“笞”写作“治”）。

公堂之上多有拷打之刑，倒未必是因为受刑者一定有罪。《唐律疏议·名例》有言：“笞者，击也。又训为耻，言人有小愆，法须惩戒，故加捶挞以耻之。”可见笞刑之中更有教人知耻的教化意义，这与《水浒传》中的“杀威”之意大有相近之处。考虑到官方器物往往有在民间流传的非正式称呼，“杀威棒”倒也不一定不存在，这一名称仅源于民间而未见于史书的可能性也是有的。

从民间文化的角度来看，惊堂木与“杀威棒”是公堂中最常见的器物，而其踪迹少见于史书而多见于文学作品或许更能说明衙门在民间的印象：从朝廷的角度来看，官署的一切元素都在努力体现其亲民的一面；而在百姓眼中，官署终究还是那个高高在上的衙门。

从令签到犯由牌：庙堂与江湖的合流

公案上还有一件颇具仪式感的器物，那就是令签。与“肃静”牌和惊堂木相比，令签上少有文化内涵，这反而让它多了一丝“价值中立”。

戏剧与影视剧中常有这样一幕：官员断案过后认定犯人有罪，遂从签筒里抽出一枚令签掷于地上，于是衙役或持棍施刑，或押犯人下狱。这一过程的确极有画面感，但在历史上，令签的用途远远不止于此。

清朝余怀所著《板桥杂记·雅游》中提到教坊司内除衙署，

公座外，尚有人役、刑杖、签牌之类，且有冠有带。这里的签牌，指的是拘捕犯人的片状凭证。公案上的签多为木制，因以朱墨作记故也称“朱签”。清朝蒲松龄所著的《聊斋志异·诗谳》中有“先生标朱签，立拘南郭某肆主人”一句——官员书写文书多喜用红色标记，三国吴谢承《后汉书》中有“盛吉为廷尉时，每至冬节，罪囚当断，妻夜执烛，吉持丹笔，夫妻相对，垂泣而决其罪”的典故，朱签的形制也正合此传统。不过有时签上需要记录更多内容，木签的形制就不够书写了，于是签票渐渐流行开来。清朝爱新觉罗·昭梿所著《啸亭杂录》中有一则名为“武虚谷”的故事：

“武虚谷亿，河南偃师人。中庚子进士。任山东博山县县令，有德声。甲午秋，寿张王伦倡乱，为舒文襄公所扑灭，或传伦实未死，潜匿于他方。庚戌间，山西人董二，告王伦藏匿山西某县，和相时专柄，欲希封赏，乃授意觉罗牧庵相公长麟，令其侦缉。牧庵拂其意，以虚妄对，和相艴然。其属番役某，欲获和相欢心，因献计，仍向齐省缉访，或可得踪迹。和相乃密签役往山东，至博山县，其役恃和相势，擅作威福。公擒至署中，取捕役签票，视票惟书二公役名，而同伙行者凡十五人。公督责之，捕役抗横无礼，公大怒，以大杖责数十。”

故事中表明，签票上只写了两个公役的姓名，而“同伙行者凡十五人”，可见签票不仅要注明公役权限，更要注明授权人员的具体情况。这种内容丰富的签票从名称上也可以推断出其材质不是木与竹，而应当是纸。

出具令签的行为叫“发签”，关于此，《红楼梦》第四回“薄命女偏逢薄命郎 葫芦僧判断葫芦案”中，有详细描述：贾雨村接到案件后先是大怒，欲“发签差公人立刻将凶犯族中人拿来拷问”，门子暗示后又问“方才何故不令发签之意”，最后门子又提议“老爷明日坐堂，只管虚张声势，动文书发签拿人……”虽然小说中关于坐堂的情形一笔带过，但来回三次发签已足以让人了解令签之用。

除了普通的令签，还有一种火签，用于官署紧急拘传人犯。这一器物也常见于小说，如《儒林外史》第五十一回：“祁太爷立即拈了一枝火签，差原差立拿凤鸣岐，当堂回话。”这种火签与签票形制相似，无非又多加急之意罢了。

从中可以看出，令签更近于传唤文书而非戏剧、影视剧中所表达的“定罪量刑”的器物。如《红楼梦》中，贾雨村发签之后，还是要经升堂断案才能确定嫌犯是否有罪。真正公布犯人罪行的，是犯由牌，对此《水浒传》中也有提及，如协助西门庆勾引潘金莲的王婆，便在“写了犯由牌，画了伏状”之后被行刑。《水浒传》第四十回中甚至还有一份完整的犯由牌：“江州府犯人一名宋江，故吟反诗，妄造妖言，结连梁山泊强寇，通同造反，律斩。犯人一名戴宗，与宋江暗递私书，勾结梁山泊强寇，通同谋叛，律斩。监斩官江州府知府蔡某。”虽然小说不能当史料，但这一份犯由牌已然与刑事法律文书无异。

明清以降小说盛行，许多史书中所未尽的历史细节都能从各类文学作品中找到记录，而令签作为以实用性为主的器物，同时淡化了朝廷与民间两方的语境，反而在文化意义上成为庙堂与江湖合流的载体。或许衙门没有那么亲切，也没有那么森严，真实的衙门正如令签一样，只是在努力扮演自己的角色而已。

结语

从衙门门前的照壁到大堂的匾额楹联，从“海水朝日图”两旁的肃静牌再到公案上的惊堂木，从材质各异的令签到犯由牌，都承载了太多公堂往事。值得注意的是，关于这些公堂器物，文学作品中的描述要远远多于史书中的记载，这对于后世研究来说有利有弊。利在于文学作品能给予后人更直观的感受，使得这些器物脱离官方话语的生硬；弊在于文学作品毕竟源于生活而又高于生活，惊堂木到底是不是醒木的一种？杀威棒到底存不存在？这些问题都不是仅仅靠一部小说、几折戏曲就能盖棺论定的。

不过，从历史遗迹与文学作品两个角度审视衙门的建筑、陈设与器物，依然有重要意义。历史遗迹更能代表官方话语，从现存的官署遗迹中可以明显感觉到朝廷对各级行政机构的期待；而文学作品更能代表民间话语，小说与戏曲中作者对衙门贬多于褒，本身就表达了前述期待的走样。虚虚实实之间，会不会让中华法系的身影更加立体呢？

狱讞的规矩

甘遵生死状：

法内法外的生死文书

秦始皇陵兵马俑

状是中国法律领域最基本的文书类型之一，比如起诉状、上诉状、自诉状等。而在大众文化中，也有几个以“状”为名的“文书”，分别是军令状、投名状和生死状。《三国演义》中，关羽立下过军令状，不过最后没被问罪；《水浒传》中，林冲初上梁山便被要求纳投名状，虽然最终也没纳成；擂台比武还常常出现生死状，虽然最终也绝少有人以命相搏……将视线收回到“状”，如果说军令状还有些古代“军事法”的影子，投名状和生死状则具有浓浓的江湖气息，那为什么它们会被冠以“状”这个庙堂气息十足的名字呢？这些林林总总的“状”，在历史上是否存在？如果存在，又是否能将它们视为法律文书呢？

中国传统中的大多数法律制度、惯例、用语都已消失于大众视野，成为历史名词。然而文化的传承往往会在细微处留下印痕，即便在白话文一统天下的时代，也依然会有一些“古意盎然”的表述被纳入后人的词库，甚至成为人们耳熟能详的俗语，军令状、投名状和生死状，就是这类词汇的代表。

中国四大古典名著的超强传播度使得军令状与投名状广为人知。《三国演义》中常见军令状的身影，如关羽镇华容道义释曹操之前，正是被诸葛亮用激将法立了军令状；《水浒传》中，林冲初上梁山便被王伦百般刁难，而王伦出的第一个难题，正是让林冲纳投名状。相对而言，生死状在搏击界则更为常见，所谓“拳脚无眼，生死由天”。中国台湾地区歌手周杰伦有一首歌名为《霍元甲》，歌词第一句便是“命有几回合擂台等着，生死状赢了什么冷笑着”。以上林林总总，可知这几份“状”，的确不算是生僻事物。

从大众文化的视角来看，军令状、投名状和生死状多被用于其比喻意，三者的共同点自然是均与生死相关；然而从法律的视角来看，这三者的共同点则应当从其名称入手：三者均属于“状”这一文体。

那么，状究竟是一种什么文体，为什么极具草莽之气的军令状、投名状和生死状会以“状”为名呢？

最接地气的百姓上行文

状，事实上是中国古代最为常见的上行文之一，大致可分为两类：一类是朝廷内部所用的上行文，由下级官员书写，呈送至上级官员甚至君主。这种状发轫于两汉，于唐朝成为正式公文文体，一直流传至民国时期。

据《旧唐书》中所载“凡下之所以达上，其制亦有六，曰：表、状、笺、启、辞、牒”，可见唐朝的上行文分为六种文体，而状正是其中之一。向君主所进的状称“奏状”，历朝又多有别称，如郎瑛在《七修类稿》就提到了奏疏之名不一，有上疏、上书、奏札、奏状、奏议……因往往封存于囊中，又称封事。影视剧中常见的“有事启奏，无事退朝”的台词虽然未必符合历史，但其所指正是这种奏状。

上报状的行为被称为申，后申与状相混，至宋朝状已命名为申状，南宋理学大家朱熹任南康知府时曾作《申免移军治状》，所用的正是申状这一文体。申与状名称混同的惯例由元、明两朝承袭，直至清朝被改为申文，才在名称上与“状”字断了联系。民国时期，申文亦废止不用，这一类上行文由此消失。

另一类则是百姓所用的上行文，用于向官府表达一定诉求，正如南朝梁刘勰《文心雕龙·书记》所载：“万民达志，则有状列辞谚。”不过，《文心雕龙》中的状主要用于“先贤表谥”，反倒是“列”用于“陈列事情”，更近于后世所言的状了。随着岁月流逝，状逐渐演变成诉讼专用文体。在等级森严的封建专制社会，百姓的发言权本不算多，状是百姓所能使用到的仅有的几种公文之一，普罗大众对状耳熟能详自然不足为奇。

两汉之后，这种状被称为牒状，至唐后改为牒诉。如《魏书·源贺传》：“徐州表投化人许团并其弟周等，究其牒状，周列云已萧衍黄门侍郎。”《宋史·哲宗本纪》：“丁酉，以四方牒诉上尚书者，或冤抑不得直，令御史分察之。”《明史·黄绾传》中记载：“绾驰至大同，宗室军民牒诉官军暴掠者以百数，无告叛军者。”这些记载基本勾勒出了从牒状至牒诉的流变。明清易代后，牒诉易名为禀诉，简称状，集中用于诉讼程序之中。其中，原告的状为“告状”，被告的状为“诉状”，这一法律名称后被民国沿袭，现在的起诉状、答辩状等法律文书的名称，也正源于这一司法传统。

很难想象，“告状”这个极端口语化的表达，在清朝时居然是一个专门的法律术语。衙门之内，公堂之上，曾有多少告状与诉状的博弈已不得而知，但这个数字一定非常大，以至于“告状”二字早已超越法律术语而成为日常词汇。与此相对，古时的讼师又被称为“状师”，如今香港特别行政区的大律师又被称为“大状”，从这个角度来看，状无疑是最接地气的民间上行文，或者说是法律文书。

种类繁多的承诺书

厘清了状的渊源、概念和范围，大致可以得出两个结论：一是状是一种诉讼程序中使用的官方法律文书；二是官方认可的状并不包括民间所称的军令状、投名状和生死状。如果军令状的出处尚有疑义，那投名状和生死状这种极具江湖草莽气息的“法律文书”显然不是朝廷所制，而是被戏说出来的概念。

军令状、投名状和生死状可以定义为在不同情况下使用的、附有承诺的文书，当然这里的承诺比较特殊，往往是立状者的性命。很明显，三者以状为名一方面借用了状作为法律文书的严肃性，另一方面也借用了状作为民间上行文的可识别性，这些名称显然比诸如“军令书”“投名辞”“生死奏”一类拗口的称呼要通俗易懂。但事实真的仅此而已吗？

当然不是。事实上，这三种“民间文书”以状为名非常贴切，因为有一种状本身就带有承诺书的含义，那就是结状。

《中华人民共和国行政诉讼法》对妨碍行政诉讼行为规定了一种“责令具结悔过”的处罚方式，这里的“具结”是指对自己的行为愿意承担法律责任的表示。其实“具结”二字历史悠久，是古代百姓对官府做出的承诺书，如明朝冯梦龙所著《警世通言》中“金令史美婢酬秀童”写的“要六房中择家道殷实老成无过犯的，当堂拈阄，各吏具结申报上司，若新参及役将满者，俱不许阉”，以及清刘鹗所著《老残游记》中所写的“王辅庭叫他具结回去罢”，其中的具结指的均是这种承诺书。

具结名称有多种，如“执结”“甘结”“保结”“检结”“切结”等，各有出处，其意相同。如《后汉书·刘般传》所载的“……而吏下检结，多失其实”，“法医鉴定学”鼻祖宋慈所著《宋提刑洗冤集录》中所述的“仍取苦主并听检一干人等，连名甘结，依式备细，开写当日保结，回报明白”明朝何良俊《四友斋丛说》中所写的“……许人告首，处以重罪，亦要取业户连名执结”，均为此类文书。

《清代六部成语》的“甘结”词条释义表达更为精准——但凡官府断案既定，或将财物令事主领回的，均命本人立一份情甘遵命的字据，上写花押，这便是甘结。这里已经明确突出了承诺之意，甘即情愿，因此“甘结”二字又包含书写者自愿的意味。《水浒传》中解珍、解宝两兄弟为捕捉登州山上大虫，“当官受了甘限文书”，这里的甘限文书亦是甘结，当然是否真的“心甘情愿”，读者自有分寸。

值得一提的是，我国台湾地区依然在使用“切结”，如职工向公司递交的“自愿加班切结书”。不过，切结本是承诺书之意，在“切结”二字后再加一“书”，不免画蛇添足。

除了“执结”和“甘结”外，具结还有其他称呼，如“保状”“结状”“责状”，如此种种，不一而足。如黄六鸿《福惠全书》所用者为保状，冯梦龙《警世通言》的“金令史美婢酬秀童”中所用者为结状，宋朝罗烨《醉翁谈录》的“大丞相判李淳娘供状”中所用者为责状。通过这些林林总总的称呼可以看出，“状”前加了什么字并非关键所在，重要的是“状”字本身的内涵和意象已经与承诺书有了极为紧密的联系，在这一背景下，军令状、投名状和生死状以“状”为名，就再正常不过了。

清朝已属近世，相关文书存世较多，通过众多法学文献、笔记小说甚至官员自撰的工具书，可以详细了解到当时甘结的体例。甘结大多与民刑官司相关，诸如“某亲属某人因某事向某人起衅被某用某凶器致伤某某处身死“此类。承诺者为了表达所言属实，也大多会在甘结的结尾表示不敢捏造、如违甘罪。不过，捏造毕竟只是甘愿获罪，谈不上抛却身家性命。那在朝廷所认可的甘结中，有没有可能关乎生死——就如军令状、投名状和生死状那般的呢？

真真假假的生死甘结

合法的生死甘结，也是有的。清末第一批赴美留学生里的詹天佑，其父母在送他出国之前便与政府签订了一份甘结，大致内容如下：

具甘结人詹兴洪今与具甘结，兹有子天佑情愿送赴宪局带往花旗国肄业学习机艺。回来之日，听从中国差遣，不得在外国逗留。生理倘有疾病生死，各安天命，此结是实。童男，詹天佑，年十二岁，身中面圆白。徽州府婺源县人氏。

在父亲——或者说“监护人”詹兴洪的认可下，十二岁的詹天佑被朝廷送往美国学习机艺。面对这一培育方案，詹兴洪做出了两项承诺：一是詹天佑学成后需听朝廷差遣，不得逗留于国外；二是留学过程中詹天佑生死与朝廷无关。可以说，这份甘结已然是一份货真价实的生死文书。

当时朝廷要求留学生父母出具甘结也情有可原：毕竟西方依然是未知之地，这趟“乘桴浮于海”的旅行伴随着太多危险，易出纷争。若非如此，实在难以想象堂堂朝廷何以会与百姓签订一分生死有命的法律文书。

但即便是这种甘结，也与军令状、投名状和生死状有着较大区别。

首先谈军令状。军令如山，战争时期将领对军队的要求非太平盛世可比，故军令的上行下效势必异常严苛，重者可能关乎生死。如三国时期编纂的《北堂书钞》记载“闻雷鼓音，举白幢绛旗，大小船皆进战，不进者斩”的军令一则，即明确闻令不进的士兵将被斩首。所谓“军令如山”，战场之上军士一旦触犯，很容易遭受到关乎生死的惩罚，如《北堂书钞》记载的另一条军令中，便有“违令者私作铠一领……戟十枚以上皆弃市”的记载。战场上战机稍纵即逝，若次次以军令状来回，恐怕再精锐的军队也难以正常调度作战。

其次谈投名状。如果说军令状尚有一丝法度色彩，那投名状便是赤裸裸的“反社会”文书。投名状是指加入非法团体时，用于保证加入者忠心于组织的非法行为。《水浒传》中施耐庵借林冲逼上梁山时的故事将投名状描绘得非常清晰。

王伦道：“既然如此，你若真心入伙时，把一个投名状来。”林冲便道：“小人颇识几字，乞纸笔来便写。”朱贵笑道：“教头，你错了。但凡好汉们入伙，须要纳投名状，是教你下山去杀得一个人，将头献纳，他便无疑心。这个便谓之投名状。”林冲道：“这事也不难。林冲便下山去等，只怕没人过。”王伦道：“与你三日限。若三日内有投名状来，便容你入伙；若三日内没时，只得休怪。”林冲应承了，自回房中宿歇，闷闷不已。

这里有两个细节值得注意。一者，林冲作为禁军枪棒教头久混官场，居然不理解王伦所说的“投名状”的意思，可见投名状更近于“黑话”；二者，投名状虽然事关生死，却并非立状者的生死，而是需要立状者通过实施犯罪行为断去所有退路，由此在客观上形成对组织的忠心。这种自始至终的非法文书，自然不可能被朝廷所认可。

最后谈生死状。生死状多出现于擂台，比武双方为确保出手时能全力以赴，先签下针对对方的免责文书，内容无非“生死两不追究”之语。这种生死状，既不可能有固定格式，也很难判定其具有合法性——作为当代民法的基本共识，自愿放弃生命权与健康权的免责条款会被视为无效约定，生死状的内容看似很“江湖”，但最终还是要受到“庙堂”律法的约束。

结语

军令状、投名状和生死状的内涵更多体现在文化层面，但其深层次有着中华法系的独特底蕴。状以朝廷公文为起点一步步成为专门的法律文书，再转化成历代说书人口中所引用的典故，这背后隐藏着中国法律文书漫长而曲折的发展路径。一些或许没有真正存在过的事物，居然能堂而皇之地成为典故，甚至引发后世的怀古之情，这才是法律文化最吸引人的地方。

图书在版编目(CIP)数据

法律博物馆：文物中的法律故事. 中华馆 / 江隐龙著 .—北京：中国法制出版社，2021.9

ISBN 978-7-5216-1833-4

Ⅰ. ①法… Ⅱ. ①江… Ⅲ. ①法制史—史料—中国
Ⅳ. ① D909.9

中国版本图书馆 CIP 数据核字(2021)第 072985 号

策划编辑：孙璐璐（cindysun321@126.com）
责任编辑：王　悦（wangyuefzs@163.com）　　封面设计：汪要军

法律博物馆：文物中的法律故事. 中华馆

FALÜ BOWUGUAN: WENWU ZHONG DE FALÜ GUSHI. ZHONGHUAGUAN

著者 / 江隐龙

经销 / 新华书店

印刷 / 三河市国英印务有限公司

开本 / 880 毫米 ×1230 毫米　32 开　　印张 / 10　字数 / 188 千

版次 / 2021 年 9 月第 1 版　　2021 年 9 月第 1 次印刷

中国法制出版社出版

书号 ISBN 978-7-5216-1833-4　　定价：68.00 元

北京市西城区西便门西里甲 16 号西便门办公区

邮政编码：100053　　传真：010-63141852

网址：http://www.zgfzs.com　　**编辑部电话：010-63141831**

市场营销部电话：010-63141612　　**印务部电话：010-63141606**

（如有印装质量问题，请与本社印务部联系。）